SERVIÇO SOCIAL E LUTA ANTIRRACISTA
CONTRIBUIÇÃO DAS ENTIDADES DA CATEGORIA NO COMBATE AO RACISMO

TALES WILLYAN FORNAZIER MOREIRA

SERVIÇO SOCIAL E LUTA ANTIRRACISTA
CONTRIBUIÇÃO DAS ENTIDADES DA CATEGORIA NO COMBATE AO RACISMO

LETRAMENTO

Copyright © 2020 by Editora Letramento
Copyright © 2020 by Tales Willyan Fornazier Moreira

DIRETOR EDITORIAL | Gustavo Abreu
DIRETOR ADMINISTRATIVO | Júnior Gaudereto
DIRETOR FINANCEIRO | Cláudio Macedo
LOGÍSTICA | Vinícius Santiago
COMUNICAÇÃO E MARKETING | Giulia Staar
EDITORA | Laura Brand
ASSISTENTE EDITORIAL | Carolina Fonseca
DESIGNER EDITORIAL | Gustavo Zeferino e Luís Otávio Ferreira
PREPARAÇÃO E REVISÃO | Lorena Camilo

Todos os direitos reservados.
Não é permitida a reprodução desta obra sem
aprovação do Grupo Editorial Letramento.

Dados Internacionais de Catalogação na Publicação (CIP) de acordo com ISBD

M838s   Moreira, Tales Willyan Fornazier

Serviço social e luta antirracista: contribuição das entidades da categoria no combate ao racismo / Tales Willyan Fornazier Moreira. - Belo Horizonte, MG : Letramento, 2020.
168 p. ; 15,5cm x 22,5cm.

Inclui bibliografia.
ISBN: 978-65-86025-55-2

1. Racismo. 2. Serviço social. 3. Combate ao racismo. I. Título.

2020-1560

CDD 305.8
CDU 323.14

Elaborado por Vagner Rodolfo da Silva - CRB-8/9410

Índice para catálogo sistemático:
1. Racismo 305.8
2. Racismo 323.14

Belo Horizonte - MG
Rua Magnólia, 1086
Bairro Caiçara
CEP 30770-020
Fone 31 3327-5771
contato@editoraletramento.com.br
editoraletramento.com.br
casadodireito.com

Grupo Editorial
LETRAMENTO

Dedico esse livro à memória da minha irmã Tairini e, em seu nome, a todas as mulheres e homens que, verdadeiramente, se colocam na luta contra o racismo, contra todas as formas de exploração, opressão e na construção de uma sociedade comum a todos(as).

Em meio ao medo instalado e à necessária coragem, ensaiamos movimentos ancorados na recordação das proezas antigas de quem nos trouxe até aqui. E, apesar das acontecências do banzo, seguimos. Nossos passos vêm de longe. Sonhamos para além das cercas. O nosso campo para semear é vasto e ninguém, além de nós próprios, sabe que também inventamos a nossa Terra Prometida. É lá que realizamos a nossa semeadura. Em nossos acidentados campos – sabemos pisar sobre as planícies e sobre as colinas – a cada instante os nossos antepassados nos vigiam e com eles aprendemos atravessar os caminhos das pedras e das flores. É deles também o ensinamento de que as motivações das flores são muitas. Elas cabem no quarto da parturiente, assim como podem ser oferendas para quem cumpriu a derradeira viagem...

Conceição Evaristo, *Poemas da Recordação e Outros Movimentos.*

SUMÁRIO

PREFÁCIO — 11

APRESENTAÇÃO — 15

RACISMO ESTRUTURAL, FORMAÇÃO SOCIAL BRASILEIRA E "QUESTÃO SOCIAL" — 21

- 21   Escravidão, colonialismo e desenvolvimento capitalista no Brasil
- 30   Trabalho livre, pós-abolição e racismo
- 37   Racismo e "questão social" no Brasil

"ELES COMBINARAM DE NOS MATAR, MAS NÓS COMBINAMOS DE NÃO MORRER": REFLEXÕES SOBRE A LUTA ANTIRRACISTA NO BRASIL — 55

- 55   Racismo, desigualdades e o papel dos movimentos sociais na luta de classes
- 59   Alguns antecedentes do processo de luta e resistência negra no Brasil
- 70   Luta antirracista na atual quadra histórica: tensões, desafios e possibilidades

SERVIÇO SOCIAL E ANTIRRACISMO — 81

- 81   Diretrizes Curriculares da ABEPSS, formação profissional e o debate étnico-racial
- 106   Trabalho profissional e combate ao racismo institucional

PROJETO ÉTICO-POLÍTICO E SUA DIREÇÃO EMANCIPATÓRIA: CONTRIBUIÇÃO DAS ENTIDADES DA CATEGORIA NO COMBATE AO RACISMO — 121

- 121   Fundamentos ético-políticos do projeto profissional, antirracismo e o papel das entidades na manutenção do legado construído pelo Serviço Social Brasileiro
- 137   Contribuição das entidades da categoria no combate ao racismo no biênio 2017-2018

ALGUMAS CONSIDERAÇÕES FINAIS — 155

REFERÊNCIAS — 159

PREFÁCIO

O livro que ora o(a) leitor(a) tem em mãos, escrito pelo jovem Tales Willyan Fornazier Moreira, assistente social, Mestre em Serviço Social, docente e militante, se detém em um dos temas mais candentes, atuais, e necessários a serem enfrentados no processo da *luta de classes* na conquista de uma sociabilidade igualitária, qual seja, *a luta antirracista articulada à luta anticapitalista na perspectiva do projeto de emancipação humana*.

Fruto de sua dissertação de mestrado, de continuidade em seu doutorado – à qual tive e tenho a alegria de poder compartilhar – o autor trata da *questão racial na formação sócio-histórica da sociedade brasileira* nos quase quatrocentos anos de escravidão à eclosão e evolução do capitalismo, em que o *racismo* lhe é constitutivo. Milhões de homens e mulheres vieram transportados(as) da África em navios negreiros, sob os piores castigos e torturas, sendo submetidos(as) ao trabalho escravo, que veio a se constituir em um dos pilares *da acumulação primitiva de capitais*, gérmen do próprio capitalismo.

Nosso querido Tales, um estudioso que com pesquisa teórica, empírica e documental nos traz a *questão racial* presente na sociedade escravocrata; bem como na sociedade de exploração e opressão de classe capitalista, que *cria em seu interior o racismo*, como *uma das formas de opressão social*, base estrutural e estruturante nas relações de produção e reprodução social. O fio condutor que norteia este livro, alicerçado nos estudos da formação sócio-histórica do país, escritos por negros(as) e não negros(as), na tradição do legado marxiano e da tradição marxista, explicita de que não é possível falar em racismo sem falar em capitalismo, bem como não é possível falar em capitalismo sem falar em racismo. O Brasil se configurou no último país da América a abolir a escravatura e desenvolveu a seguir o modo de produção capitalista de *exploração e opressão da classe trabalhadora* e que tem em seu interior a população negra como a mais explorada e a que compõe a maioria do país.

Neste diapasão o autor analisa como a *questão racial,* presente na herança colonial-escravista, será saturada pela exploração constitutiva da relação capital/trabalho e, como a ela é subsumida, a chamada *questão social*. Adota-se uma política urbano-industrial higienista e racista que tem na doutrina do "branqueamento" e no mito da democracia racial a ideologia necessária aos interesses da burguesia nascente, como classe dominante, que perpetua em todo desenvolvimento capitalista.

A partir de meados dos anos 1970, no plano internacional, o capital destrói direitos sociais e trabalhistas historicamente conquistados pela classe trabalhadora para recuperar suas taxas de lucro. Em nosso país essa ofensiva se desenvolve, a partir dos anos 1990, com a *acumulação flexível,* que amplia o desemprego estrutural e a precarização das relações de trabalho e na implantação do neoliberalismo na esfera da política, com privatização e contrarreformas do Estado, previdenciária, trabalhista, sindical, do ensino superior em que se reafirma maior exploração, opressão e discriminação sobre a população negra, mais agudizada ainda em relação às mulheres negras que sempre dispuseram das mais precárias condições de vida e trabalho acrescidas do alto grau de violência, cujos índices são aqui amplamente demonstrados.

A determinação sócio-histórica da sociedade brasileira elucida no interior da classe trabalhadora, a singularidade das relações sociais étnico-raciais, de gênero, de sexo e geracional, bem como da necessidade de articular as lutas sociais em suas singularidades vinculadas à luta de classes contra o capitalismo. Trata-se portanto de lutas concomitantes, combinadas, em que singularidade, particularidade e universalidade compõem a totalidade da vida social. E é nessa orientação teórico-metodológica presente no legado marxiano e na tradição marxista que transita Tales, com convicção teórica e política de que *a luta antirracista necessariamente deve ser uma luta anticapitalista* em um permanente processo de *solidariedade de classe,* posto que a luta antirracista deve ser abarcada pela classe trabalhadora em seu conjunto.

Os dois primeiros capítulos do livro se voltam para a compreensão da questão racial no Brasil e suas determinações nas sociedades escravocrata e capitalista sobre os corpos racializados. Expressam a luta do povo negro, escravos(as) e trabalhadores(as), por meio da quilombagem, das revoltas, da organização de movimentos negros na trajetória da luta de classes no país. No domínio desses debates, no campo da esquerda marxista, se enfatiza a experiência que vem sendo forjada na luta dos trabalhadores(as) negros(as) na perspectiva classista que articula lutas imediatas e históricas, na disputa por hegemonia na organização e na consciência de classe para que os(as) trabalhadores(as) e setores oprimidos alcancem um patamar de luta política contra a classe dominante.

Tales vai além, ao tratar dos desafios e tensões presentes na *luta antirracista,* em alguns setores da esquerda, expressos em uma concepção setorializada, etapista, ou secundarizada no plano mais geral das lutas sociais. Explicita ainda de que maneira o ideário "pós-moderno", meramente identitário, desvinculado da perspectiva classista tem prevalecido, em alguns setores do movimento negro, mas não só, posto que se espraiam por outros movimentos sociais em concepções liberais, reformistas, de conciliação de classes ou atadas meramente à imediaticidade, que se aprofundam no momento de avanço do neoconservadorismo. O livro analisa as determinações da conjuntura do país, após o golpe de direita de 2016, com o golpista Temer e na sequência em 2018, com a eleição do presidente Bolsonaro, de extrema direita, nazi-fascista, que vem destruindo o país em uma política entreguista, privatista, misógina, racista, de subordinação ao imperialismo estadunidense, com ampliação do genocídio da população pobre e negra em um verdadeiro estado de extermínio, em que *o capitalismo em sua face da barbárie se expande exponencialmente.*

Este livro abrange, nos capítulos três e quatro, a contribuição da *luta antirracista* travada pela categoria de assistentes sociais no âmbito da formação e do trabalho profissional, imprimindo uma interlocução privilegiada com as entidades da categoria – por meio da Associação Brasileira de Ensino e Pesquisa em Serviço Social (ABEPSS), do Conselho Federal de Serviço Social (CFESS) e da Executiva Nacional de Estudantes de Serviço Social (ENESSO) –, por expressarem a direção social e política nas esferas da formação, do exercício profissional e estudantil. As(os) assistentes sociais se reconheceram como trabalhadoras(es) em sua condição de assalariamento, inscritas(os) na divisão sócio-técnica do trabalho, partícipes do trabalho coletivo socialmente combinado, tendo seu marco emblemático de ruptura com o conservadorismo no denominado *Congresso da Virada,* o III Congresso Brasileiro de Assistentes Sociais (CBAS), em 1979, momento em que firmam seu compromisso com os interesses imediatos e históricos da classe trabalhadora e dão continuidade à articulação com os movimentos sociais, populares e sindicais, entre eles, os movimentos negros. A direção social da profissão que se materializa no Código de Ética de 1993, na nova Lei de Regulamentação da profissão de 1993 e nas Diretrizes Curriculares de 1996, conformará o Projeto Ético Político Profissional do Serviço Social Brasileiro, carinhosamente denominado *PEP.*

Tales reafirma a relação entre projeto profissional e projeto societário e traduz a partir da pesquisa e interlocução com as representações das entidades da categoria e estudantil, os desafios, lacunas e lutas antirracistas articuladas à luta emancipatória. Neste sentido, nos brinda com a importante Campanha *Assistentes Sociais no Combate ao Racismo* desenvolvida pelo conjunto CFESS-CRESS, no triênio 2017 a 2020, bem como as deliberações da ABEPSS a partir do Grupo Temático de Pesquisa (GTP) "Serviço Social, Relações de Exploração/Opressão de Classe, Gênero, Raça, Etnia, Sexualidades", sobre a necessidade de enraizamento deste debate na formação e no exercício profissional. O GTP em seu eixo raça, tem produzido reflexões, debates, textos e propostas no sentido de que a questão do racismo estrutural e institucional constitutivos da formação sócio-histórica do país e a a luta antirracista devem estar presentes em todo o processo de formação profissional; o que pressupõe que seu conteúdo *transversalize* todos os Núcleos de Fundamentos da Formação Profissional, de forma articulada nos espaços pedagógicos, em uma unidade indissolúvel entre teoria e prática na totalidade da vida social. O livro expressa ainda a contribuição ímpar, estimulante e reflexiva das entrevistadas na pesquisa em que se anunciam vários desafios a serem enfrentados pelo coletivo das(os) assistentes sociais no campo da teoria social na direção do PEP.

Mas este livro, para além de se dirigir a profissionais e estudantes de Serviço Social, para as(os) quais sua leitura é fundamental, é sem dúvida uma contribuição para profissionais, docentes, estudiosos(as), militantes das lutas antirracistas e das lutas mais gerais da classe trabalhadora. Tales nos presenteia com uma leitura profícua, instigante, calcada na realidade concreta das múltiplas expressões da questão social e abre caminhos para o debate, para novas pesquisas, para o aprofundamento teórico e das polêmicas existentes, para *o bom combate* de organização e lutas sociais pelo fim do trabalho alienado, explorado; pelo fim da sociedade de classes, da propriedade privada dos meios de produção, e de todas as formas de opressão étnico-racial, de relações sociais de sexo, gênero e geracional, pela supressão do capitalismo, em um processo de auto-organização de indivíduos sociais livremente associados em uma sociedade igualitária, libertária, de emancipação humana.

Professora Dra. Maria Beatriz Costa Abramides
Professora do Programa de Estudos Pós-Graduados em Serviço
Social da PUC-SP e coordenadora do Núcleo de Estudos e
Pesquisas em Aprofundamento Marxista (NEAM)

APRESENTAÇÃO

> *Pra quem devo escrever? E como devo escrever?*
> *Devo escrever contra ou por alguma coisa?*
> *Às vezes, escrever se transforma em medo.*
>
> Temo escrever, pois mal sei se as palavras que estou usando são minha salvação ou minha desonra. Parece que tudo ao meu redor era, e ainda é, colonialismo.
>
> **Grada Kilomba,** *Memórias da plantação*

Originalmente produzido como dissertação de mestrado,[1] este texto que ora apresentamos em formato de livro, objetiva contribuir com o debate étnico-racial no âmbito do Serviço Social Brasileiro a partir de uma análise acerca do papel das entidades profissionais – Associação Brasileira de Ensino e Pesquisa em Serviço Social (ABEPSS), Conselho Federal de Serviço Social (CFESS) e Executiva Nacional de Estudantes de Serviço Social (ENESSO) – na construção de mediações que possibilitem fortalecer a luta antirracista, considerando a direção social emancipatória expressa no Projeto Ético-Político profissional.

Esta pesquisa[2] centrou-se em analisar as ações de combate ao racismo desenvolvidas durante o biênio 2017-2018 e compreender qual a prioridade da pauta antirracista no interior dessas entidades. Realizamos entrevistas com as dirigentes nacionais das entidades da categoria, bem como com a representante da ênfase de raça/etnia do Grupo Temático de Pesquisa (GTP) da ABEPSS intitulado "Serviço Social, Relações de Exploração/Opressão de Gênero, Feminismos, Raça/Etnia e Sexualidades", referente a esse período delimitado.

---

[1] A dissertação intitulada *Serviço Social e luta antirracista: contribuição das entidades da categoria no combate ao racismo*, foi defendida no Programa de Estudos Pós-Graduados em Serviço Social da Pontifícia Universidade Católica de São Paulo (PUC-SP) em 2019 e indicada para publicação pela banca examinadora.

[2] A presente pesquisa foi aprovada sem restrições pelo Comitê de Ética em Pesquisa (CEP) da PUC-SP, através do Certificado de Apresentação para Apreciação Ética (CAAE) de número 20583619.0.0000.5482 e Parecer 3.597.144.

Desse modo, entrevistamos Brenda Soares Rodrigues, enquanto coordenadora nacional de formação política e profissional da ENESSO (2018/2019)[3], na gestão "Quando resistir faz parte da estrada, é tudo ou nada"; Maria Helena Elpídio Abreu, presidente da ABEPSS (2017/2018) na gestão "Quem é de luta, resiste!"; Josiane Soares Santos, presidente do CFESS (2017/2020) na gestão "É de batalhas que se vive a vida!" e a representante do GTP da ABEPSS (ênfase raça/etnia), no período 2017/2018, Magali da Silva Almeida. Tratou-se de uma escolha intencional das participantes, cujo critério utilizado foi o fato de serem mulheres negras nesse espaço de protagonismo das entidades, além do notório envolvimento e compromisso com a luta antirracista dentro e fora da profissão.

De acordo com Ramos,[4] as entidades se colocam enquanto um dos principais fatores de manutenção da direção social do Projeto Ético-Político profissional, o qual se vincula a um projeto societário livre e emancipado. Assim, a articulação entre ABEPSS, CFESS/CRESS e ENESSO, representa um legado histórico da profissão no cenário brasileiro, o qual necessita ser cotidianamente preservado e fortalecido. Justamente pelo fato das entidades possuírem tamanha importância para a manutenção do legado crítico construído a partir da ruptura com o conservadorismo na profissão, especialmente nos marcos da década de 1980 em diante, bem como por entendermos que possuem um papel fundamental na incorporação da luta antirracista e na capilarização desta discussão para todo conjunto da categoria, que realizamos esta pesquisa com o objetivo de identificar quais ações de combate ao racismo foram construídas durante o biênio 2017-2018.

Tendo em vista que o racismo é um elemento estruturante da nossa formação social e que se apresenta enquanto uma forma de racionalidade, se expressando concretamente como desigualdade política, econômi-

---

3 Destacamos as particularidades das eleições para as coordenações nacionais da Executiva Nacional de Estudantes de Serviço Social (ENESSO). Diferentemente das outras entidades, cujas gestões são de 3 anos para o conjunto CFESS-CRESS e 2 anos para a ABEPSS, as gestões da ENESSO são de apenas 1 ano. No ano de 2017 o Encontro Nacional dos/as Estudantes de Serviço Social (ENESS) – onde são eleitas as coordenações nacionais – que ocorreria na Bahia foi cancelado às vésperas de sua realização. Nesse sentido, no período de um ano (meados de 2017 a meados de 2018) a ENESSO ficou sem coordenação nacional e foi designada uma comissão gestora para realizar parte da função desta coordenação. Assim, entendemos ser coerente a entrevista com membros desta Coordenação Nacional, cujo período de gestão foi de julho de 2018 a julho de 2019.

4 RAMOS, 2011.

ca e jurídica para a população negra,[5] e também por entendermos que ainda precisamos avançar significativamente nessa discussão no interior da profissão – no sentido da construção de um entendimento coletivo de que o debate étnico-racial deve ser incorporado em todas as análises enquanto elemento que conforma as relações sociais e que, portanto, deve ser considerado determinante no contexto da formação e na construção de respostas para o trabalho profissional – a pesquisa buscou trazer uma contribuição para essa discussão no âmbito do Serviço Social.

Ademais, compreendemos que esta pesquisa, agora no formato de livro, se apresenta como extremamente pertinente e estratégica no atual cenário, pois oferece possíveis contribuições à militância política no interior da luta antirracista; além de ser uma produção acadêmica que chega em um momento muito oportuno para a categoria profissional, haja vista esse debate estar em voga na profissão, especialmente, a partir da campanha de gestão do Conselho Federal de Serviço Social (CFESS) e dos Conselhos Regionais de Serviço Social (CRESS) "Assistentes Sociais no combate ao racismo", durante o triênio 2017-2020.

As reflexões apresentadas são parte de um processo contínuo de construção, de aproximações sucessivas ao real e expressam a síntese desse dado momento histórico. Portanto, as ideias aqui desenvolvidas não estão dadas e acabadas, pelo contrário, são fruto de uma construção que é permanente e, deste modo, estão abertas para serem aprofundadas. Para apresentar a discussão, dividimos didaticamente a estrutura do livro em quatro capítulos:

O primeiro capítulo intitulado "Racismo estrutural, formação social brasileira e 'questão social'", apresenta elementos mais gerais e fundantes para compreendermos como o racismo estrutura nossas relações, como se constitui enquanto uma marca profundamente peculiar de nossa formação social e como essa realidade vai colocar contornos particulares para a "questão social" no Brasil. Para desenvolver essas reflexões, realizamos um debate sobre a escravidão, o colonialismo e a intrínseca relação com o desenvolvimento capitalista no Brasil; sobre a situação da população negra no contexto de pós-abolição e sua inserção na sociedade do trabalho livre; e, por fim, apresentamos alguns elementos para pensarmos como o racismo brasileiro agrava e aprofunda a "questão social" em nosso contexto.

No capítulo seguinte, intitulado "'Eles combinaram de nos matar, mas nós combinamos de não morrer': reflexões sobre a luta antirracista no Brasil", resgatamos alguns dos principais marcos históricos da luta contra o racismo em nosso país e as tensões e desafios que se apre-

---

[5] ALMEIDA, 2018.

sentam para a luta antirracista nessa quadra histórica. Inicialmente, apresentamos uma discussão sobre o papel dos movimentos sociais no contexto da luta de classes; recuperamos os antecedentes do processo de luta e resistência negra no Brasil; e encerramos apresentando um pouco dos principais desafios na atualidade, especialmente em relação às tendências que se colocam em disputa no interior da luta, demarcando que não há oposição entre a luta antirracista e a luta contra o capital, ainda que para o enfrentamento do racismo seja necessário a apreensão de particularidades e a construção de mediações específicas.

A partir do terceiro capítulo, "Serviço Social e antirracismo", nos debruçamos a construir o debate no interior da profissão, com base na análise dos dados das entrevistas realizadas, apresentando alguns dos limites e desafios para a consolidação do debate étnico-racial na contemporaneidade. Frisamos tanto a urgência em avançarmos nessa discussão no âmbito da formação, quanto a necessidade de combate ao racismo institucional no contexto do trabalho profissional. Realizamos a discussão, a partir dos elementos fundantes do projeto de formação contido nas Diretrizes Curriculares da ABEPSS de 1996 e, nesse ínterim, compreendemos que para os/as assistentes sociais que, de fato, acreditam e defendem a direção emancipatória da profissão, o combate ao racismo não está no campo da escolha: coloca-se como responsabilidade e coerência ético-política.

Por fim, o quarto e último capítulo, "Projeto Ético-Político e sua direção emancipatória: contribuição das entidades da categoria no combate ao racismo", também construído a partir de uma interlocução teórica com os dados das entrevistas, recupera os fundamentos ético-políticos que demarcam a construção do projeto emancipatório do Serviço Social, destacando o papel central e estratégico das entidades da categoria na manutenção desse legado crítico e, a partir disso, evidenciamos as principais ações de combate ao racismo desenvolvidas por elas no biênio 2017-2018.

Frente toda essa construção, encerramos, à guisa de algumas considerações finais, com o entendimento de que o racismo, enquanto elemento ineliminável e estruturante da nossa formação social, segue envolto nessa lógica destrutiva e desumanizante do capital, não apenas ceifando vidas, mas também dinamizando e contribuindo com o processo de exploração e acumulação capitalista, visto que para esse modo de produção se manter, historicamente, lança mão da herança colonial de hierarquização entre as raças, como forma de potencializar seu processo de exploração e garantir seu poder e hegemonia mundial.[6]

---

6 QUIJANO, 2005.

Essa dinâmica põe e repõe a todo momento a necessidade para o Serviço Social apreender o racismo enquanto estruturante do capitalismo brasileiro, pois se estabelece como o principal elemento da história da formação social do nosso país, cujas desastrosas consequências se apresentam até os dias atuais no cotidiano da vida de negros e negras. Por isso, para nós não tratar do racismo é, conforme dito por Moura,[7] escamotear o que estrutura nossa formação. Não podemos perder de vista que nossa profissão, tal como enfatizado nas Diretrizes Curriculares da ABEPSS de 1996, exige uma formação que possibilite a apreensão crítica do processo histórico como totalidade, compreensão sobre a formação sócio-histórica e suas particularidades no país e, nesse entorno, apreensão das demandas postas à profissão no contexto das relações sociais.

Compreendemos que a profissão vem caminhando paulatinamente, mas de forma expressiva, na construção desse entendimento coletivo. Durante a pesquisa foi possível observar que, de forma geral, apesar dos desafios e contradições no interior das entidades que, por sua vez, obstaculizam um avanço mais expressivo do debate étnico-racial, elas vem consolidando a discussão e construindo um caminho cada vez mais em ascendência para esse debate – o que ratifica a atualidade, coerência e firmeza político-ideológica da direção social estratégica construída pelo Serviço Social Brasileiro nos últimos 40 anos.

Finalmente, gostaria de sinalizar que muitas pessoas foram/são fundamentais pelas minhas escolhas ético-políticas, profissionais e pela trajetória na militância antirracista, porém, destaco aqui algumas das quais tiveram papel decisivo para que esse material *ganhasse vida* e *fosse pra rua*.

Gostaria de agradecer minha orientadora Professora Dra. Maria Beatriz Costa Abramides – carinhosamente Biazita –, gratidão pelo incondicional apoio e incentivo desde o início dessa trajetória. As professoras que estiveram comigo na qualificação, na defesa e que tiveram papel fundamental nesse processo: Dra. Maria Carmelita Yazbek, muito obrigado por todas reflexões nas disciplinas e pelas imprescindíveis contribuições nas bancas. Dra. Márcia Campos Eurico, não tenho palavras que consigam expressar sua importância em todo esse processo desde o início; além de te admirar e tê-la enquanto referência de pesquisadora, sou muito grato a você por toda contribuição.

---

[7] MOURA, 1983.

Agradeço de forma especial a Dra. Lesliane Caputi: amiga, referência profissional e companheira das lutas cotidianas, que desde a graduação está sempre presente e fazendo a diferença na minha trajetória, gratidão por todas reflexões e apoio nesse processo de maturação da publicação. Também agradeço à Dra. Rachel Gouveia Passos: obrigado por toda parceria e pela conversa nessa reta final, ela foi decisiva para seguir adiante e com "sangue nos zóio".

Por fim, registro minha profunda gratidão às combativas mulheres negras participantes da pesquisa: vocês foram essenciais para dar concretude a esse trabalho.

O autor.

RACISMO ESTRUTURAL, FORMAÇÃO SOCIAL BRASILEIRA E "QUESTÃO SOCIAL"

Não sou descendente de escravos. Eu descendo de seres humanos que foram escravizados!

Makota Valdina

ESCRAVIDÃO, COLONIALISMO E DESENVOLVIMENTO CAPITALISTA NO BRASIL

O racismo é elemento estruturante e constitutivo da formação social do Brasil. Ele está presente no cotidiano da vida, pois se coloca como uma forma de racionalidade, ou seja, como um *ethos*, como a forma de ser e pensar da sociedade em sua dinâmica mais profunda. De tal modo, ao contrário do que comumente concebemos, o racismo não se trata apenas de uma forma de violência direta, mas antes, considerando as particularidades que constituem nossa formação, ele se estabelece enquanto a regra, a normalidade, o modo de organização da vida social.

Nesse aspecto, "[...] *o racismo é sempre estrutural*, [...] ele é um elemento que integra a organização econômica e política da sociedade [...] é a manifestação normal de uma sociedade, e não um fenômeno patológico que expressa algum tipo de anormalidade."[8] Por isso, como ponto de partida, torna-se importante diferenciar racismo de discriminação e preconceito. De forma sintética:

> Podemos dizer que **racismo** é uma forma sistemática de discriminação que tem a raça como fundamento, e que se manifesta por meio de práticas conscientes ou inconscientes que culminam em desvantagens ou privilégios para indivíduos, a depender do grupo racial ao qual pertençam [...] O **preconceito racial** é o juízo baseado em estereótipos acerca de indivíduos que pertençam a um determinado grupo racializado, e que pode ou não resultar em práticas discri-

---

[8] ALMEIDA, 2018, p. 15-16.

minatórias [...]. A **discriminação racial**, por sua vez, é *a atribuição de tratamento diferenciado a membros de grupos racialmente identificados*. Portanto, a discriminação tem como requisito fundamental o *poder*, ou seja, a possibilidade efetiva do uso da força, sem o qual não é possível atribuir vantagens ou desvantagens por conta da raça.[9]

Deste modo, ainda que racismo, preconceito e discriminação racial estejam umbilicalmente articulados, possuem definições e se manifestam de formas diferenciadas, e é fundamental essa compreensão para que consigamos, não apenas identificar, mas combater tais práticas e concepções que estão presentes no cotidiano da vida – particularmente em nossa realidade social, haja vista as intensas marcas coloniais que constituem a formação do nosso país.

A história do Brasil é calcada na barbárie, pois é também a história da exploração, dominação, violência e opressão contra a população negra. Nesse sentido, a compreensão das bases que estruturam nossa realidade e que sustentam e reproduzem as desigualdades sociais e étnico-raciais, é fundamental. Por isso, se faz mister a compreensão de nossa formação social, numa perspectiva crítica e de totalidade, para que consigamos construir as mediações que possibilitem desvelar o que se apresenta na imediaticidade da vida cotidiana, e compreender que o lugar em que a população negra majoritariamente se encontra, não se trata de um problema individual ou moral, tampouco "falta de esforço", mas é decorrente do projeto de dominação colonial.

Para tanto, é preciso termos nítido que:

> [...] os quatrocentos anos de escravismo foram definitivos na plasmação do *ethos* do nosso país. Penetrando em todas as partes da sociedade, injetando em todos os seus níveis os seus valores e contra-valores, o escravismo ainda hoje é um período de nossa história social mais importante e dramaticamente necessário de se conhecer para o estabelecimento de uma *práxis* social coerente.[10]

Entendemos que o ponto de partida para apreensão das relações que estruturam a sociabilidade brasileira, deve perpassar a compreensão do racismo enquanto elemento fundante de nossa formação social, pois "a colonização e a escravidão são processos determinantes da formação social brasileira, e o racismo é produto fundante desses processos."[11] É tendo isso como pressuposto, que avançaremos no desvelamento da

---

9 ALMEIDA, 2018, p. 25. **(grifos nossos).**

10 MOURA, 1983, p. 124.

11 MARTINS, 2017, p. 278.

realidade e entenderemos os motivos pelos quais os/as negros/as vivenciam uma profunda disparidade em comparação à população não-negra em todos os âmbitos da vida, ainda nos dias de hoje.

É por essa razão que concordamos com Moura[12] que não se debruçar sobre os efeitos dos quatrocentos anos de escravidão, bem como todas suas contradições e implicações na realidade social, é descartar ou escamotear o que estrutura a realidade brasileira.

> A história do negro no Brasil confunde-se e identifica-se com a formação da própria nação brasileira e acompanha a sua evolução histórica e social. Trazido como imigrante forçado e, mais do que isto, como escravo, o negro africano e os seus descendentes contribuíram com todos aqueles ingredientes que dinamizaram o trabalho durante quase quatro séculos de escravidão. Em todas as áreas do Brasil eles construíram a nossa economia em desenvolvimento, mas, por outro lado, foram sumariamente excluídos da divisão dessa riqueza.[13]

Nossa história é a história do sangue negro. Como sugerido por Moura, o povo negro foi/é o grande povoador e o responsável pela construção desse país.[14] Nesse contexto, é importante destacar que a população negra foi escravizada, sobremaneira, porque detinha conhecimentos técnicos necessários para o processo de desenvolvimento e expansão do capitalismo. O autor evidencia que o escravismo colonial foi utilizado como fator decisivo e necessário para o desenvolvimento do capitalismo no Brasil.

> Enquanto já se questionava na Europa o sistema capitalista no seu sentido global, os traficantes brasileiros lutavam, ainda, no nosso Parlamento para que a lei que extinguiu o tráfico de africanos não fosse aprovada. Isto surge da incapacidade histórica de o Brasil acumular capitais para entrar na senda das nações capitalistas desenvolvidas [...]. O escravismo colonial cria, portanto, as premissas econômicas, sociais e culturais para o modelo do capitalismo dependente que o substitui.[15]

Nesse aspecto, também concordamos com Moura que o/a negro/a não só povoou esse país, mas, através do seu trabalho, ocupou os espaços sociais e econômicos, contribuindo de forma inconteste para a formação do Brasil.[16] Por isso:

---

12 MOURA, 1983.

13 MOURA, 1989, p. 7.

14 Importante mencionar que com esses dizeres, nem de longe, estamos desconsiderando a história dos povos indígenas na construção do Brasil.

15 MOURA, 1983, p. 23.

16 MOURA, 1989.

A utilização da mão de obra da população negra africana é a referência fundamental na construção da sociedade brasileira, quer seja como integrante do trabalho escravo, como mercadoria que agrega valor aos bens do proprietário, quer seja como referência para organização do próprio modo de produção, uma vez que traz do continente africano experiências exitosas na área da agricultura, na fundição do ferro, na extração de minérios, na arquitetura, entre outros conhecimentos fundamentais que o colonizador pôde dispor para alavancar o projeto de desenvolvimento nacional.[17]

Contudo, apesar do povo negro ser o principal agente que dinamizou o país e que produziu riqueza através do seu trabalho, tal fato não contribuiu em nada para que ele tivesse acesso ao produto do seu próprio trabalho. Pelo contrário, os senhores eram quem se beneficiavam de toda riqueza produzida através do suor, sangue e sofrimento dos/as negros/as escravizados/as, ficando com todo lucro da exportação e comercialização dos produtos, impossibilitando que os/as responsáveis por essa produção participassem e se beneficiassem dela.[18]

A população negra escravizada não participava da divisão da riqueza que ela mesma produzia, pois era considerada e tratada como animais. Justamente essa lógica calcada na exploração dos povos africanos, aliada a construção de estereótipos tais como o do trabalho manual ser concebido enquanto um trabalho "naturalmente" destinado aos/às negros/as,[19] que permitia e legitimava a escravidão, a qual era potencialmente rentável para os senhores. Até porque, "[...] o negro não apenas trabalhava, mas era a mercadoria que poderia ser vendida a qualquer momento, muitas vezes com lucro compensador."[20]

Assim, para servir aos interesses de outrem, os/as africanos/as foram violentamente arrancados/as de suas terras e de seus territórios. Foram brutalmente desenraizados/as de suas culturas e forçados/as a produzir, por meio do trabalho escravo, toda riqueza que impulsionou o projeto de modernidade do capitalismo nos séculos XVI, XVII e XVIII.

---

17 EURICO, 2017, p. 418.

18 MOURA, 1989.

19 Eurico sinaliza que o trabalho era concebido como atividade degradante e corrompida pelo regime da escravidão e, especialmente o trabalho manual, era visto como obrigação do escravo. Contudo, para a população negra, tal atividade é uma tarefa penosa e se estabelece enquanto cativeiro, nesse sentido, "[...] a busca pela liberdade tem como horizonte o rompimento com a dominação e com o trabalho sob estas bases." Cf.: EURICO, 2017, p. 419, nota rodapé n. 5.

20 MOURA, 1989, p. 55.

Francisco de Oliveira aponta que foram trazidos/as para o Brasil cerca de, provavelmente, 4 milhões de africanos/as negros/as para serem escravizados/as, e que a relação entre senhor-escravo assentou as bases de uma estrutura social bipolar.[21] Nesse aspecto, "[...] a casa-grande e a senzala são o brasão dessa sociedade."[22] Essa relação de dominação, subjugação e inferiorização dos corpos negros, marca profundamente a formação de nosso país e perdura até os dias atuais, se reatualizando constantemente, como forma de manutenção desse projeto eugenista dominante.

> Fosse como necessidade de mão de obra, devido à inadaptação da população autóctone a trabalhos regulares e à sua fuga para remotas paragens, fosse como um grande negócio, já no século XVI o comércio de escravos negros africanos se transformou em outro pilar dessa estrutura, imprimindo sua marca a ferro e fogo no corpo dos escravizados e no corpo da sociedade.[23]

Trata-se, portanto, de um terrível processo de desumanização e coisificação. Isso nos permite evidenciar que a população negra fora historicamente concebida como coisa, sua humanidade foi esvaziada e desconsiderada. O/a negro/a fora animalizado/a e a ideologia do branqueamento se instaurou como estratégia para sua desarticulação e apagamento existencial.[24] Em outras palavras, os/as escravizados/as foram concebidos/as como um objeto que, através do trabalho ultra explorado, produzia riqueza para seu proprietário.

Nesse ínterim, o trabalho não representa apenas uma atividade para acumular bens e produtos através da exploração da força de trabalho para produção do excedente econômico,[25] o que é inerente à dinâmica do capitalismo. Ele se constitui enquanto o processo que desumaniza e aliena de forma exponencialmente mais avassaladora e bárbara, dada à natureza do modo de produção escravista. Deste modo, na escravidão não há se quer a extração da mais-valia,[26] pois isso pressupõe receber algo em troca da venda de sua força de trabalho. Portanto, esse processo não se constitui apenas enquanto

---

21 OLIVEIRA, 2018.

22 OLIVEIRA, 2018, p. 29.

23 OLIVEIRA, 2018, p. 29.

24 MOURA, 1983.

25 Para maior aprofundamento, ver: NETTO, J. P.; BRAZ, M., 2012.

26 No âmbito da tradição marxista, mais-valia é o termo utilizado para designar a parte do trabalho não pago pelo burguês. Ou seja, o/a trabalhador/a, despojado/a dos meios de produção e possuindo sua força de trabalho como única mercadoria a ser vendida, submete-se forçosamente à essa venda para um burguês que, através do salário, irá pagar parte da riqueza que foi produzida através desse trabalho ex-

a exploração nefasta das horas de trabalho que são violentamente sugadas dos/as negros/as escravizados/as. É mais que isso, é a retirada de sua própria existência, de sua condição de viver como humano.

Em outras palavras, com a possibilidade da exploração da força de trabalho da população negra africana, despossuída e esvaziada de sua humanidade, ela era concebida como animal e sua única utilidade era produzir riqueza para acumular valor aos bens do senhor, sem nada receber em troca, a não ser castigos violentos e um pouco de comida para ficarem vivos/as e dar continuidade ao projeto de acumulação do capital.

Com base na concepção colonialista-dominante de inferiorização das raças, impôs-se forçosamente uma divisão racial do trabalho que, no caso do Brasil, submeteu milhares de escravizados/as a condições desumanas de exploração e violência.

> As novas identidades históricas produzidas sobre a ideia de raça foram associadas à natureza dos papéis e lugares na nova estrutura global de controle do trabalho. Assim, ambos os elementos, raça e divisão do trabalho, foram estruturalmente associados e reforçando-se mutuamente, apesar de que nenhum dos dois era necessariamente dependente do outro para existir ou para transformar-se.[27]

Tendo em vista que o sentido da colonização no Brasil foi mercantil[28] e que, como já mencionado, a população negra trazida da África foi escravizada porque detinha conhecimentos técnicos necessários para a expansão do capitalismo, a noção de inferiorização das raças é questionável e não se sustenta, visto que o projeto de escravização de interesse mercantil demandava "trabalhadores/as" capacitados/as. Nesse sentido, ainda que tentam justificar e/ou explicar a escravidão a partir da noção de inferioridade racial, esse argumento não passa de uma articulação e construção colonizadora-dominante e racista.

Quijano nos apresenta elementos importantes e fundamentais para desmistificação desse mito da inferioridade racial, evidenciando que trata-se de uma construção social e histórica, criada com base nas diferenças fenotípicas e como referência a supostas estruturas biológicas distintas entre esses grupos, como forma de justificar e legitimar a dominação/poder e a exploração de um povo sobre o outro.[29] Isto é dos "superiores" sobre os "inferiores".

---

plorado. A outra quantidade não paga a esse/a trabalhador/a, que é apropriada pelo patrão/burguês, é denominada de mais-valia.

27 QUIJANO, 2005, p. 118.

28 OLIVEIRA, 2018.

29 QUIJANO, 2005.

> A ideia de raça, em seu sentido moderno, não tem história conhecida antes da América. Talvez se tenha originado como referência às diferenças fenotípicas entre conquistadores e conquistados, mas o que importa é que **desde muito cedo foi construída como referência a supostas estruturas biológicas diferenciais entre esses grupos.** A formação de relações sociais fundadas nessa ideia, produziu na América identidades sociais historicamente novas: *índios, negros* e *mestiços*, e redefiniu outras. Assim, termos como *espanhol* e *português*, e mais tarde *europeu*, que até então indicavam apenas procedência geográfica ou país de origem, **desde então adquiriram também, em relação às novas identidades, uma conotação racial.** E na medida em que essas relações sociais que se estavam configurando eram relações de dominação, **tais identidades foram associadas às hierarquias, lugares e papéis sociais correspondentes**, como constitutivas delas, e, consequentemente, ao padrão de dominação que se impunha. **Em outras palavras, a raça e identidade racial foram estabelecidas como instrumentos de classificação social básica da população.** Com o tempo, os colonizadores codificaram como cor os traços fenotípicos dos colonizados e a assumiram como a característica emblemática da categoria racial.[30]

Desta forma, a passagem do autor evidencia como se estabeleceu a noção de hierarquização entre as raças. Essa construção sobre a ideia de raça, que se mostrou estratégica e necessária para justificar a exploração/dominação de um povo sobre outro, se disseminou aos arredores do mundo, criando uma ideologia eurocêntrica hegemônica – que passa a ser apropriada pelo capitalismo como forma de potencializar sua exploração e dominação.

> Na América, **a idéia de raça foi uma maneira de outorgar legitimidade às relações de dominação impostas pela conquista.** A posterior constituição da Europa como nova identidade depois da América e a expansão do colonialismo europeu ao resto do mundo conduziram à elaboração da perspectiva eurocêntrica do conhecimento e com ela à **elaboração teórica da idéia de raça como naturalização dessas relações coloniais de dominação entre europeus e não-europeus.** Historicamente, isso significou uma nova maneira de legitimar as já antigas idéias e práticas de relações de superioridade/inferioridade entre dominantes e dominados. Desde então demonstrou ser o mais eficaz e durável instrumento de dominação social universal, pois dele passou a depender outro igualmente universal, no entanto mais antigo, o intersexual ou de gênero: os povos conquistados e dominados foram postos numa situação natural de inferioridade, e conseqüentemente também seus traços fenotípicos, bem como suas descobertas mentais e culturais. Desse modo, **raça converteu-se no primeiro critério fundamental para a distribuição da população mundial nos níveis, lugares e papéis na estrutura de poder da nova sociedade.** Em outras palavras, no modo básico de classificação social universal da população mundial.[31]

---

30 QUIJANO, 2005, p. 117. (grifos nossos)

31 QUIJANO, 2005, p. 118. (grifos nossos)

Portanto, considerando que a construção social da diferenciação entre raças tornou-se um critério para classificação da população entre inferiores e superiores, o capitalismo vê nessa ideologia a possibilidade de aumento da sua acumulação, a partir da intensificação da exploração do trabalho desses segmentos ditos "inferiores" – e no caso da população africana escravizada, também a retirada da sua condição de humano.

Vale chamar atenção para o fato de que, para o processo de acumulação do capital, tudo é válido. Em algumas circunstâncias históricas, para que o processo de expansão e acumulação sejam garantidos, o sistema do capital irá criar estratégias das mais nefastas para lograr êxito. Nesse movimento, torna-se justificável o injustificável, ou seja, a exploração sangrenta, a desumanização, a barbarização, o apagamento existencial do outro – nesse caso, dos/as negros/as africanos/as que foram escravizados/as.

Compreendemos, portanto, não ser possível falar de racismo sem falar de capitalismo, da mesma forma que não é possível falar de capitalismo sem falar de racismo, uma vez que essa relação racismo *x* capitalismo se constituem enquanto uma tônica indissociável e que faz parte, não apenas da realidade do Brasil, mas de diversos lugares da América e do mundo em que houve o processo predatório da colonização.[32]

Nesse aspecto, a raça se coloca enquanto mediação fundamental para a acumulação capitalista.

> O controle do trabalho no novo padrão de poder mundial [capitalismo] constituiu-se, assim, articulando todas as formas históricas de controle do trabalho em torno da relação capital-trabalho assalariado, e desse modo sob o domínio desta. Mas tal articulação foi constitutivamente colonial, pois se baseou, primeiro, na adscrição de todas as formas de trabalho não remunerado às *raças* colonizadas, originalmente, *índios, negros* e de modo mais complexo, os *mestiços*, na América e mais tarde às demais raças colonizadas no resto do mundo, *oliváceos* e *amarelos*. E, segundo, na adscrição do trabalho pago, assalariado, à raça colonizadora, os *brancos*.[33]

---

32 Quijano sinaliza que "[...] no curso da expansão mundial da dominação colonial por parte da mesma raça dominante – os brancos (ou no século XVIII em diante, os europeus) – foi imposto o mesmo critério de classificação social a toda população em escala global [...]. Essa distribuição racista de novas identidades sociais foi combinada, tal como havia sido tão exitosamente logrado na América, com uma distribuição racista do trabalho e das formas de exploração do capitalismo colonial [...]. Essa colonialidade do controle do trabalho determinou uma distribuição geográfica de cada uma das formas integradas ao capitalismo mundial. Em outras palavras, determinou a geografia social do capitalismo." Cf.: QUIJANO, 2005, p. 119-120.

33 QUIJANO, 2005, p. 120.

No caso do Brasil, a escravização da população africana tornou-se necessária para o projeto de expansão do capitalismo e, articuladamente, para desenvolvimento/manutenção do poder através da dominação colonial. Dessa forma, a distribuição racista do trabalho no interior do capitalismo colonial/moderno foi uma estratégia e se estabeleceu durante todo período colonial, associando o trabalho não pago ou não assalariado com as raças dominadas.[34]

Esses nefastos borrões da nossa história, contribuíram para que a escravidão em nosso país durasse quase quatro séculos, sendo o último país da América a "abolir" formalmente o regime escravista; que o Brasil fosse um dos países – ou o principal país[35] – que mais tenha trazido africanos/as para serem escravizados/as; que na emergência da sociedade do trabalho livre, a população negra continuasse a vivenciar situações imensamente desiguais e violentas – tudo isso contribuindo para construção de um "racismo à brasileira".

Nesse aspecto, de acordo com Eurico,[36] ao contrário do que se concebe superficialmente, a transição do trabalho escravo para o trabalho livre é permeada de contradições e se estabelece de forma gradual e complexa, porque:

> Por um lado, há a expansão e modernização das áreas capitalistas mais desenvolvidas, a incorporação do trabalho livre em detrimento da utilização da mão de obra do negro escravizado e, por outro lado, a expansão da utilização da força de trabalho sob o regime de escravidão, dada a necessidade de produção de artigos coloniais para exportação.[37]

Tais elementos são fundamentais para pensarmos acerca do processo de transição do trabalho escravo para o trabalho livre, compreendendo que a "abolição"[38] da escravidão não foi algo simples e linear e que se

---

34 QUIJANO, 2005.

35 Moura (1989) diz que embora não tenhamos possibilidade de computar o número exato de africanos/as que foram trazidos/as para o Brasil, há várias estimativas – as quais em sua maioria há uma tendência em diminuir esse número, como forma de branqueamento da nossa história – que variam entre 4.830.000 milhões a 10 milhões. Mas para o autor, uma coisa é certa: quase 40% do total de negros/as retirados/as do continente africano vieram para o Brasil.

36 EURICO, 2017.

37 EURICO, 2017, p. 420.

38 Vale destacar que, no plano internacional, a Revolução Haitiana também é um fator que tensiona a abolição no Brasil, no sentido de as classes dominantes temerem que a organização política e resistência dos/as negros/as pudessem chegar ao

deu muito mais pela luta e resistência dos povos escravizados,[39] e também por interesses econômicos da elite, do que por preocupação real com a situação desumana em que viviam os/as escravizados/as.

TRABALHO LIVRE, PÓS-ABOLIÇÃO E RACISMO

Moura sinaliza que no processo de decomposição do sistema escravista, têm-se duas vertentes econômicas e de comportamento entre os senhores.[40] A primeira, circunscrita na região do Norte e Nordeste, diz respeito a uma economia em decadência, sem possibilidades de recuperar-se nem mesmo em longo prazo, com uma população escrava que mais onerava que produzia e também uma população de negros/as livres que participavam de uma economia camponesa com escassos rendimentos, com culturas alternativas ou de subsistência. A segunda se colocava enquanto tendência para os fazendeiros de café de parte de Minas Gerais, do Vale do Paraíba e outras áreas de São Paulo e Rio de Janeiro, os quais entravam agressivamente no mercado mundial com a defasagem de produzir essa mercadoria ainda pautada no trabalho escravo.

Com base nisso, é possível evidenciar que a produção do café foi o elemento primordial para a manutenção da lógica escravista. Para Costa "a crescente demanda do café no mercado internacional teve como efeito imediato a intensificação do tráfico de escravos e sua progressiva concentração nas áreas cafeeiras."[41] Nesse sentido, "a quan-

---

patamar de organização e enfrentamento como no Haiti. Até porque, como sinalizado por Moura, depois do Haiti, o Brasil é o país em que mais houveram revoltas de escravizados/as e manifestações antiescravistas. Cf.: MOURA, 1989.

39 Sobre esse processo de resistência dos/as escravizados/as, é importante destacar que não aceitavam a situação de barbárie que era escravidão de forma passiva. Nesse sentido, destacamos principalmente o movimento que Moura denomina de *quilombagem*, o qual se estabelece enquanto "[...] movimento de rebeldia permanente organizado e dirigido pelos próprios escravos e que se verificou durante o escravismo brasileiro em todo território nacional. Movimento de mudança social provocado, ele foi uma força de desgaste significativa ao sistema escravista, solapou as suas bases em diversos níveis – econômico, social e militar – e influiu poderosamente para que esse tipo de trabalho entrasse em crise e fosse substituído pelo trabalho livre [...]. A quilombagem é um movimento emancipacionista que antecede, em muito, o movimento liberal abolicionista [...]." Cf.: MOURA, 1989, p. 22.

40 MOURA, 1989.

41 COSTA *apud* EURICO, 2017, p. 420.

tidade de negros escravizados às vésperas da assinatura da Lei Áurea, explicita a contradição presente na sociedade brasileira, habituada à solução escravista para dinamizar a produção."[42]

Costa aponta que já na década de 1850, fazendeiros das áreas cafeeiras interessaram-se em promover a imigração e substituir os/as escravizados/as por imigrantes, contudo, não conseguiram lograr êxito e recorreram ao tráfico interno para garantirem a produção cafeeira.[43] Somente mais tarde, pela pressão abolicionista e aumento das leis contra o tráfico, que os fazendeiros trouxeram da Itália os/as trabalhadores/as que precisavam. Segundo a estudiosa:

> Por volta da década de 1880, era óbvio que a abolição estava iminente. O Parlamento, reagindo ao abolicionismo de dentro e fora do país, vinha aprovando uma legislação gradualista. As crianças nascidas de mães escravas foram declaradas livres em 1871, e em 1885 a liberdade foi garantida para os escravos com idade superior a 65 anos. O movimento abolicionista tornou-se irresistível nas áreas cafeeiras, onde quase dois terços da população escrava estava concentrada. **Com uma nova consciência de si mesmos e encontrando apoio em segmentos da população que simpatizavam com a causa abolicionista, grandes números de escravos fugiram das fazendas. A escravidão tornou-se uma instituição desmoralizada.** Quase ninguém opunha-se a ideia de abolição, embora alguns reivindicassem que os fazendeiros deviam ser indenizados pela perda de seus escravos.[44]

Considerando todo processo cultural e ideológico socialmente construído, que sustentava a ideia do/a negro/a como naturalmente inferior e subalterno/a, como o não-humano, como mercadoria e coisa passível de ser eliminada quando não mais atendesse aos interesses de outrem; não foi a simples aprovação de uma lei que, como num passe de mágicas, eliminou a lógica escravista e, menos ainda, que proporcionou condições igualitárias para a população negra africana, agora "liberta".

Ao contrário, esse cenário pós-abolição manteve estáticos os processos de desigualdade e violações vivenciados pela população negra, visto que com o processo de expansão do capitalismo no Brasil, sobretudo após os anos 1930, houve um aceleramento da urbanização/industrialização e isso refletiu diretamente na favelização da população negra e pobre nos grandes centros urbanos.

---

42 EURICO, 2017, p. 420.

43 COSTA, 1999.

44 COSTA, 1999, p. 362. **(grifos nossos)**

Tal processo, além de uma herança colonial-escravocrata, também é resultado de uma política urbana higienista/racista que expulsou essa população para áreas à margem das cidades – o que a curto e médio prazo tem significado o não direito a cidade dessa população que sobrevive, até os dias de hoje, apartada do acesso à direitos básicos como educação, saúde, lazer, saneamento, cultura. Além disso, essa mesma população está na mira do Estado, sendo exterminada diuturnamente pela polícia sob o discurso de uma suposta "guerra às drogas", mas que na verdade é um projeto arquitetado de genocídio dos corpos negros, uma violência colonial arraigada, que dita quem deve viver e quem deve morrer.

Sendo assim, o/a negro/a foi jogado/a às malhas da sociedade, à sua própria sorte, sem nenhuma ação do Estado que possibilitasse sua inserção real na sociedade do trabalho livre – o que evidencia o racismo estrutural, na medida em que não há nenhuma preocupação com este segmento, nem mesmo com a garantia de sua sobrevivência. Assim, concordamos com Florestan Fernandes quando diz que:

> Em suma, a sociedade brasileira largou o negro ao seu próprio destino, deitando sobre os seus ombros a responsabilidade de se reeducar e de se transformar para corresponder aos novos padrões e ideias de ser humano, criados pelo advento do trabalho livre, do regime republicano e do capitalismo.[45]

Nesse contraditório e complexo processo, ainda há que se considerar a cultura escravista e a herança colonial que perpetua e faz parte da ideologia racista dominante, que contribui para a manutenção e reprodução destas relações de exclusão e subalternização do/a negro/a. Essa ideologia cria constantemente estratégias para garantir seu poder de dominação e, neste entorno, necessita do controle de todas as formas de trabalho, mas também o controle da subjetividade, do conhecimento, da cultura.

Nesse aspecto, Quijano sinaliza que:

> [...] todo esse acidentado processo implicou no longo prazo uma colonização de perspectivas cognitivas dos modos de produzir ou outorgar sentido aos resultados da experiência material ou intersubjetiva, do imaginário, do universo de relações intersubjetivas do mundo; em suma, da cultura.[46]

Eis a importância de compreendermos que o racismo é *sempre* estrutural, como argumenta Almeida,[47] pois não trata de uma patologia ou anomalia social, pelo contrário, se coloca enquanto uma forma de

---

[45] FERNANDES, 2008, p. 35.
[46] QUIJANO, 2005, p. 121.
[47] ALMEIDA, 2018.

racionalidade, isto é, uma forma de ser e pensar socialmente construída e que interfere diretamente na organização econômica e política da sociedade – determinando o lugar do/a negro/a nessa estrutura social.

Esse entendimento é extremamente importante para conseguirmos apreender a dinâmica do racismo na sociedade brasileira, pois:

> Se a relação se estabelece entre sujeito e objeto, **a mudança no modo de produção não inaugura um novo paradigma em relação à população negra**, bem como **não elimina as contradições presentes nas relações cotidianas pós-abolição**. Apesar desta constatação, observa-se de modo recorrente um discurso a-histórico, que ora compreende a população negra escravizada como incapaz de se organizar para transformar a realidade, ora compreende a abolição como fenômeno que repara magicamente a desigualdade racial no país. **As lutas protagonizadas pela população negra, os modos próprios de organização dos quilombos e as irmandades estão prejudicadas nestas análises**, que continuam a reproduzir a ideia de que negros são escravos e, portanto, devem permanecer à disposição dos outros grupos, em uma eterna situação de subserviência.[48]

Refletir acerca da transição do trabalho escravo para o trabalho livre, demanda estabelecer mediações que consigam captar a realidade de permanente exclusão e violência vivenciada pela população negra no contexto pós-abolição. Ademais, isso também exige de nós, a construção de uma narrativa contra hegemônica que evidencie a história real e não reproduzirmos o que é colocado como a história oficial.

Os/as negros/as "libertos/as" adentraram na sociedade do trabalho livre, regida sob o prisma de uma economia altamente competitiva, em condições intensamente desiguais. De acordo com Fernandes essa realidade fazia com que, sobretudo nas regiões cuja economia era garantida pela exploração do café, no contexto de baixo nível de produção, não raras vezes, os/as ex-escravizados/as fossem reabsorvidos/as no sistema de produção em condições fortemente similares as quais estavam submetidos/as anteriormente.[49] E, no contexto de alto nível de produção, tinham que competir principalmente com trabalhadores/as que vieram da Europa e que, via de regra, eram mais afeitos/as a esse novo regime de trabalho. Ou seja, não havia lugar para o/a negro/a na sociedade de trabalho livre, a não ser recorrer às condições de trabalho profundamente desumanas, tal como as quais estavam inseridos/as.

---

48 EURICO, 2017, p. 415. (**grifos nossos**)
49 FERNANDES, 2008.

> **As classes dominantes necessitavam manter esses ex-escravos nessa franja marginal de um aparelho de Estado altamente centralizado e autoritário.** Essa franja marginal foi praticamente seccionada do sistema produtivo naquilo que ele tinha de mais significativo e dinâmico. Tal fato, segundo pensamos, reformula a alocação das classes no espaço social e seu significado, estabelecendo uma categoria nova que não é o exército industrial de reserva, não é o *lunpenproletariat*, mas transcende a essas duas categorias. É uma grande massa dependente de um mercado de trabalho limitado e cujo centro de produção foi ocupado por outro tipo de trabalhador, um trabalhador injetado. **Nesse processo, o negro é descartado pelas classes dominantes como modelo de operário. Não é aproveitado. Nenhuma tentativa se fez nesse sentido, enquanto se vai buscar, em outros países aquele tipo de trabalhador considerado ideal e que irá, também, corresponder ao tipo ideal de brasileiro que as classes dominantes brasileiras escolheram como símbolo: o branco.**[50]

Fica evidente que na sociedade competitiva de trabalho livre, o/a negro/a é novamente tratado como coisa pela classe dominante-escravocrata, tendo em vista que continua sendo descartado como um mero artefato, não servindo enquanto modelo de operário e substituído pelo imigrante branco, o que reforça o projeto eugenista/racista hegemônico. Nesse sentido, compreendemos que:

> [...] a construção social do ideário de um/uma trabalhador/a negro/a, incompatível com o trabalho assalariado, demarca a instauração de um racismo nas relações de produção como condição necessária à produção do valor e da superexploração.[51]

Essa nova organização das relações sociais, ainda que sob outras facetas, continuava reproduzindo a violência, a eliminação, a exclusão e o aviltamento da população negra ex-escravizada. São essas bases que forjam e sustentam a formação da sociedade brasileira e que, até os tempos atuais, reproduz a ideologia racista-dominante que concebe o/a negro/a como inferior, menos capaz, perigoso/a, preguiçoso/a, etc. Isto é, uma ideologia que tem como base a reprodução do racismo e que, não obstante, é funcional ao sistema de exploração capitalista.

Considerando a forma com a qual se deu esse processo, bem como todas as contradições engendradas em seu interior, Moura sinaliza que a transição tardia do trabalho escravo para o trabalho livre, deixou marcas profundas na estrutura social do Brasil, reverberando até os dias atuais – o que nos possibilita compreender criticamente o abismo social posto à população negra nesse país. Em suas palavras:

---

50 MOURA, 1983, p. 133. **(grifos nossos)**

51 MARTINS, 2017, p. 278.

Estamos assinalando o Centenário da Abolição da Escravidão no Brasil, fato que evidencia termos sido o último país do mundo no qual esse tipo de trabalho foi substituído pela mão-de-obra livre. **Essa mudança tardia, quando a própria escravidão moderna já era um anacronismo gritante e injustificável, marcou profundamente a estrutura da sociedade brasileira, deixando no seu corpo aderências e restos até hoje visíveis.** Isto explica, por outro lado, a permanência da sua influência negativa (nos níveis econômico e ideológico) no comportamento de grandes camadas da sociedade brasileira, especialmente no seu aparelho de dominação política.[52]

Após a abolição formal da escravidão e com a migração europeia – a qual tinha como objetivo o branqueamento da população brasileira – o/a negro/a foi irremediavelmente marginalizado/a e isso se reflete na situação em que a população negra se encontra até os dias de hoje no Brasil.[53] Portanto, seria um equívoco e também um falseamento da realidade, dizer que nosso histórico de barbárie, do qual se constituiu a escravidão negra em nosso país, não possui nenhuma relação com a situação econômica, social e política que a população negra vivencia até os dias hodiernos.

Sendo o racismo um elemento estrutural da nossa sociedade, ele se coloca enquanto sustentáculo para a manutenção das relações profundamente desiguais que os/as negros/as vivenciam no Brasil, as quais se reproduzem em todos os âmbitos da vida social, especialmente nas instituições.[54]

> Em resumo: **o racismo é uma decorrência da própria estrutura social, ou seja, do modo "normal" com que se constituem as relações políticas, econômicas, jurídicas e até familiares, não sendo uma patologia social e nem um desarranjo institucional.** O racismo é estrutural. Comportamentos individuais e processos institucionais são derivados de uma sociedade cujo *racismo é a regra e não exceção*. **O racismo é parte de um processo social** que "ocorre pelas costas dos indivíduos e lhes parece legado pela tradição". Nesse caso, além de medidas que coíbam o racismo *individual e institucionalmente, torna-se imperativo refletir sobre mudanças profundas nas relações sociais e políticas e econômicas*.[55]

Tal compreensão torna-se fundamental para o entendimento da formação social do Brasil numa perspectiva crítica e de totalidade, que permita apreender as múltiplas determinações do real e analisar os fundamentos pelos quais a população negra se encontra na camada mais pauperizada dessa sociedade, sendo a principal vítima das multifacetadas formas de exclusão, violências, desigualdades e injustiças.

---

52 MOURA, 1988, p. 3. **(grifos nossos)**

53 MOURA, 1988.

54 Para maior aprofundamento ver: ALMEIDA, 2018.

55 ALMEIDA, 2018, p. 38-39. **(grifos nossos)**

Não podemos perder de vista as particularidades da formação social de nosso país. Desde a invasão/tomada desse território, nossa história é uma história de sangue, exploração, violência, apagamento existencial, cultural e étnico dos povos africanos e indígenas, para a imposição de uma cultura branca, europeia e cristã. Sobre esse aspecto, Francisco de Oliveira alude que:

> Nascemos, como todos os países da América, dos dolorosos e cruéis processos de formação do Novo Mundo a partir das descobertas (?) ibéricas. Conosco renasceu também o Velho Mundo. Uma extraordinária combinação: o novo, financiando a acumulação de capital – numa época em que os metais preciosos eram a forma por excelência do dinheiro –, provocou o renascimento do velho. Uma colonização inteiramente nova, cujo objetivo nunca foi, como nos séculos anteriores, apenas a conquista territorial – mesclavam-se propagação da fé cristã, comércio e exploração de riquezas comerciais.[56]

Posto isto, podemos verificar que a combinação entre o arcaico e o novo é constitutivo da nossa formação sócio histórica. O caráter da colonização foi predatório. E também de interesse mercantil, fazendo dessa terra uma colônia de produção e exploração, visto que "esfolar o escravo até a alma era bom negócio para os proprietários e para os traficantes."[57] Esse caráter que marca fortemente nossa história, cria um "caldo cultural" de dominação que vai atingindo os segmentos mais vulneráveis da população, a exemplo dos/as negros/as escravizados/as, indígenas, mulheres, etc., conformando relações sociais de opressão sobre esses povos.

Nesse movimento, também se tem a conformação de um ideário de justificação das desigualdades raciais no Brasil, como sendo algo natural ou derivado do comportamento dessa população, historicamente desapossada não só dos meios de produção, mas de sua humanidade.

> **As desigualdades raciais existentes no Brasil são, de um lado, incorporadas como naturais, e, de outro, consideradas como um subproduto do próprio comportamento e temperamento dos negros e dos não-brancos em geral.** Daí o comportamento racial do brasileiro branco ser de desconfiança, atitude de defesa ou hostilidade contra a população negra. **Essa atitude, por seu turno, irá refletir-se na estrutura da sociedade brasileira**, quer no acesso ao sistema educacional, quer na distribuição de renda, no nível de criminalidade, na organização familiar e nas oportunidades oferecidas na sociedade capitalista.[58]

---

56 OLIVEIRA, 2018, p. 27.

57 OLIVEIRA, 2018, p. 30.

58 MOURA, 1988, p. 7. **(grifos nossos)**

Por isso, entendemos que é a perspectiva de apreensão do racismo enquanto uma ideologia que estrutura nossa sociedade e que "[...] se expressa concretamente como desigualdade política, econômica e jurídica",[59] que nos possibilitará saltos qualitativos não apenas na análise, mas na construção de estratégias para seu enfrentamento – o qual, a nosso ver, está ancorado no enfrentamento da própria sociedade capitalista, uma vez que o racismo torna-se funcional a ela e também lhe dá sustentação.

RACISMO E "QUESTÃO SOCIAL" NO BRASIL

Considerando as reflexões realizadas até o momento acerca do racismo como estrutural na formação social brasileira, pensamos ser importante sinalizar alguns elementos introdutórios sobre a relação entre racismo e a "questão social", visto que:

> [...] a *questão racial* não é apenas expressão da *questão social*, ela antecedeu e, ao mesmo tempo, *sustentou* a conformação do antagonismo entre as classes sociais, isto é, foi *alicerce* da desigual distribuição de riquezas no emergente capitalismo brasileiro.[60]

Embora exista divergências teóricas acerca do entendimento da "questão social",[61] a compreensão no âmbito da tradição marxista é de que ela "[...] está elementarmente determinada pelo traço próprio e peculiar da relação capital/trabalho – a exploração."[62] Netto aponta também que esse conceito é relativamente recente, uma vez que começou a ser utilizado na terceira década do século XIX e que surgiu para explicar o pauperismo – enquanto fenômeno mais evidente na Europa Ocidental naquele período – e, assim, apresentar sua intrínseca relação com a instauração do capitalismo em seu estágio industrial-concorrencial.

Dessa forma, a própria emergência do modo de produção capitalista trouxe consigo, umbilicalmente, a instauração do pauperismo.[63] Tratava-se de um novo fenômeno, de uma nova forma de produção da

---

59 ALMEIDA, 2018, p. 39.

60 GONÇALVES, 2018, p. 515.

61 Existem diferentes abordagens teóricas acerca da "Questão Social", a exemplo, Robert Castel e Pierre Rosanvallon que compreendem a existência de uma "nova" "Questão Social".

62 NETTO, 2001, p. 157.

63 Pauperismo pode ser entendido como absoluta pobreza ou miséria. Porém, na perspectiva teórica aqui abordada, concebemos enquanto uma pobreza que é socialmente produzida no contexto da sociedade capitalista.

pobreza pois, de forma inédita como nunca antes ocorreu, a pobreza era produzida sob as mesmas condições que se gestavam a possibilidade de sua superação. Contraditoriamente, a pobreza crescia na mesma proporção em que se aumentava a capacidade de produção de riqueza. Nas palavras de Costa, "[...] a pobreza crescia à medida que a sociedade se tornava capaz de produzir mais bens e serviços."[64]

Ao pensar a realidade do Brasil e as profundas particularidades que constituem nossa formação social, é fundamental o entendimento de que outros elementos mediam e compõem a "questão social" brasileira. Para Martins, em nossa realidade, "[...] as relações raciais se entrelaçam às suas particularidades histórico-sociais, interferindo, agravando e aprofundando a conformação da 'questão social'."[65] Nesse aspecto, pensar a "questão social" e suas expressões em nossa realidade, não pode ser desvinculado desses elementos que estruturam nossa formação.

Se na definição apresentada por Netto, a "questão social" é determinada pela exploração no âmbito da relação contraditória entre capital e trabalho,[66] vale lembrar que em nossa realidade, o projeto de expansão e desenvolvimento capitalista se utilizou da escravização da força de trabalho dos/as negros/as que foram trazidos/as forçados/as da África para lograr êxito. Sobre isso, Moura diz que "[...] o tráfico de escravos, dentro do contexto do sistema colonial será, por sua vez, um dos grandes fatores de acumulação capitalista das metrópoles."[67]

Quando falamos em exploração do trabalho pelo capital nesse contexto, não estamos falando de algo abstrato, pelo contrário, estamos falando da exploração de uma população que tem cor, ou seja, de um segmento cuja a condição de raça/etnia é muito bem delimitada. Assim, ao olhar para a formação social do nosso país, percebemos que a condição/pertencimento étnico-racial foi/é mediação fundamental para o processo de acumulação do capital, cujas profundas marcas carregamos até os dias atuais, pois, "[...] os vestígios escravistas são remanejados e dinamizados na sociedade do capitalismo dependente em função do imperialismo dominante."[68]

---

64 COSTA, 2010, p. 2.
65 MARTINS, 2013, p. 12.
66 NETTO, 2001.
67 MOURA, 1983, p. 17.
68 MOURA, 1983, p. 135.

Moura menciona que o modelo de capitalismo dependente operou juntamente com a construção de um "gradiente racial simbólico" que legitima a ideia de superioridade do sujeito branco e inferioridade do negro e que isso coloca o/a negro/a na base do sistema de exploração econômica, visto que é concebido como símbolo negativo/inferior nessa sociedade.[69] Nesse entorno:

> É inconteste que o racismo brasileiro é caudatário da construção social de 'raça'. Não por acaso, o conceito de 'raça' foi cunhado para 'legitimar a dominação de classe sobre os/as diferentes: aqueles/as que não eram brancos/as, europeus/europeias, colonizadores/as, donos/as do poder" [...] 'raça' serviu e serve à opressão e espoliação [...]. Portanto, as questões raciais não podem ser compreendidas se desvinculadas dos processos e das estruturas econômicas e políticas.[70]

Assim, essa ideologia dominante que concebe o/a negro/a como inferior e está calcada numa visão de supremacia entre as raças, atende aos interesses de acumulação do capital, pois a dominação/exploração do trabalho passa ser operada a partir da condição racial. Desta forma, "[...] uma nova tecnologia de dominação/exploração, neste caso raça/trabalho, articulou-se de maneira que aparecesse como naturalmente associada, o que, até o momento, tem sido excepcionalmente bem-sucedido".[71]

Essa combinação de dominação/exploração do trabalho, com base no pertencimento étnico-racial, historicamente vem sendo naturalizada dissimuladamente e essa naturalização da condição desigual/desumana a que os/as negros/as são submetidos/as, desde os tempos do escravismo no Brasil, faz com que o racismo se reinvente a todo momento na sociedade brasileira, de forma cada vez mais perversa, especialmente por conviver com o famigerado mito da democracia racial.

> Nunca, na história das sociedades, se desenvolveu um racismo tão dissimulado como o da sociedade brasileira. A rigor, aqui se produziu um tipo de racismo sofisticado e perverso que, amparando-se no discurso da 'democracia racial', construiu desigualdades, violação de direitos e violência. Na verdade, o racismo brasileiro foi uma estratégia capaz de garantir a omissão do Estado frente à desigualdade racial forjada no âmbito de uma igualdade formal [...] e, nesses termos despolitizar diante da sociedade brasileira qualquer iniciativa de reivindicar direitos através do argumento étnico-racial – aí reside a sua particularidade.[72]

---

69 MOURA, 1983.

70 MARTINS, 2013, p. 12.

71 QUIJANO, 2005, p. 119.

72 MARTINS, 2013, p. 11-12.

Nesse sentido, podemos falar de um "racismo à brasileira", considerando a dinâmica que ele assumiu e assume historicamente, se moldando nos diversos contextos sócio-históricos, mas sempre garantindo a funcionalidade do capital. No interior dessa trama, lidamos cotidianamente com as expressões do racismo em diversas esferas da vida social e, concomitantemente, precisamos desmistificar a todo tempo o mito construído pela ideologia dominante-racista de que não há racismo no Brasil.

Esse *ethos* presente em nossas relações cotidianas, além de evidenciar o racismo fortemente presente, também nos evidenciam o quanto a ideologia dominante-racista é impetrada pela negação da historicidade e das determinações sociais, se restringindo ao que Souza[73] denomina de uma "blindagem presentista".[74] Essa perspectiva contribui substancialmente para ratificar e fortalecer os imaginários racistas que vão justificar e naturalizar a condição social desigual, os processos de violência e desumanização que acometem a população negra diuturnamente.

Ora, se essa ideologia dominante-racista, sob a falácia da democracia racial, advoga não existir racismo no Brasil, cabe nos questionarmos então:

> Como se explica que, no âmbito de uma sociedade capitalista – e estou me referindo à sociedade brasileira –, onde a propriedade privada dos meios de produção e a exploração do trabalho pelo capital afetam indistintamente a classe trabalhadora, **os/as mais pobres sejam exatamente aqueles/as de descendência africana? [...] Que associação é essa entre cor/raça e pobreza?** [75]

Enquanto estratégia para conservação dessa ideologia – a qual cumpre papel de garantir a manutenção e a funcionalidade que a população negra tem para o sistema capitalista –, a pobreza e a condição desigual vivenciada pelos/as negros/as, torna-se objeto de justificação moral, onde estes/as passam a ser responsabilizados/as por sua situação, descolando a análise de todo contexto sócio-histórico e das particularidades da formação do nosso país.

O mito da democracia racial, bem como a responsabilização dos/as negros/as pela brutal condição de desigualdade que vivenciam até os dias atuais, se impregnou na sociedade brasileira não foi sem motivos, pois:

---

73 SOUZA, 2015.

74 Trata-se da negação tanto o passado quanto o futuro, importando-se apenas com o momento presente. Essa perspectiva "presentista", falseia a realidade social, na medida em que é a-histórica e acrítica e não leva em consideração elementos históricos fundamentais para compreensão da realidade atual.

75 MARTINS, 2013, p. 13. **(grifos nossos)**

> [...] num País cujo destino era ser branco e capitalista, os(as) trabalhadores(as) negros(as) foram exorcizados(as) da comunidade nacional e viram-se às margens de direitos sociais básicos. E não faltaram homens de ciência a responsabilizarem os(as) próprios(as) negros(as) por esse destino miserável.[76]

Esse fato está articulado com a própria dinâmica da "questão social" no interior de uma sociedade conservadora e racista como a nossa, uma vez que "[...] no âmbito do pensamento conservador, a 'questão social', numa operação simultânea à sua naturalização, é convertida em objeto de *ação moralizadora*", como alude Netto.[77] Na contramão dessa perspectiva, frisamos que:

> Evidentemente, a pobreza não tem como determinação o racismo. Ela é determinada pela exploração do trabalho pelo capital, pela riqueza socialmente construída e sua apropriação privada. No entanto, **na formação social brasileira, não podemos tomar essas determinações como exclusivas para a análise da condição social dos/as trabalhadores/as negros/as e de sua inserção quantitativa nas várias expressões da 'questão social'**. Primeiro, a história que concretizou o capitalismo brasileiro foi profundamente marcada pela escravidão dos/as negros/as e pela repressão. Segundo, a transição do trabalho escravo ao trabalho livre foi marcada pela ideia de uma incompatibilidade e desqualificação do negro para assumir o trabalho assalariado [...] Esses fatos foram decisivos na vida desses/as trabalhadores/as.[78]

Tais elementos, portanto, nos evidenciam como o racismo constitui e está eminentemente presente na estrutura das nossas relações sociais, bem como as latentes e perversas características da nossa formação sócio-histórica e o quanto essa realidade conforma e coloca contornos peculiares para a "questão social" em nosso contexto.

Por isso, é fundamental compreendermos a "questão social", e também suas expressões, enquanto algo efetivamente real, presente na vida cotidiana, que é fruto do processo predatório e desumano do capital, assumindo contornos peculiares de acordo com cada formação social. Portanto, nossa análise não pode se restringir apenas a uma categoria teórica para uma explicação abstrata das desigualdades produzidas pelo capitalismo, como se em cada realidade essas expressões não fossem determinadas por seus componentes particulares.

---

76 GONÇALVES, 2018, p. 517.

77 NETTO, 2001, p. 155.

78 MARTINS, 2013, p. 13. (**grifos nossos**)

Partimos, assim, do movimento do real, do concreto, para pensar, explicar e decifrar a sociedade de classes e as contradições produzidas e reproduzidas pelo modo de produção regido sob a égide do capital e, mais que isso, apreender a síntese das múltiplas determinações que conformam essa realidade – que, em nosso caso, possui o racismo como estruturante.

Deste modo, sendo a "questão social" algo de extrema importância e centralidade para o Serviço Social, mais que conceituá-la, é imperioso apreender os fundamentos, mediações e particularidades que a constituem. Isto é, se debruçar a entender como ela e suas expressões se colocam no movimento da realidade, na dinâmica da vida cotidiana, especialmente em se tratando das características da formação sócio-histórica brasileira, uma vez que as relações raciais estão eminentemente entrelaçadas a essas particularidades, agravando e aprofundando a conformação da "questão social" no Brasil.[79]

No sentido de evidenciar o que estamos apresentando, é importante apontar alguns dados estatísticos que demonstram a realidade que a população negra se encontra no país – historicamente –, uma vez que esse segmento lidera o ranking do desemprego, da pobreza, dos subempregos, do analfabetismo, dos menores rendimentos, além de ser a população que também está no topo dos índices das mais multifacetadas formas de violência. E é exatamente essa dinâmica estruturalmente racista, que apresenta contornos próprios para a "questão social" brasileira.

De acordo com dados do IBGE do ano de 2018, a população negra representa 55,8% da população brasileira – sendo 46,5% autodeclarados/as pardos/as e 9,3% pretos/as.[80] Contraditoriamente, essa mesma população é a minoria em espaços de representação e prestígio, mas é maioria em diversas situações de violações de direitos e exclusões – o que nos permite refletir que a "questão social" e suas expressões consistem "[…] em um complexo problemático muito amplo, irredutível à sua manifestação imediata como pauperismo."[81]

Nesse sentido, decifrar essa realidade demanda um rigoroso processo de conhecimento das características da nossa formação social, bem como aprofundamento teórico-metodológico e posição ético-política, para compreendermos criticamente que o lugar que a população negra se encontra é decorrente de nossa estrutura social eminentemente

---

79 MARTINS, 2013.
80 BRASIL, 2018.
81 NETTO, 2001, p. 157.

racista – o que coloca os corpos negros à margem da sociedade, ratificando a disparidade hercúlea em termos de acesso e oportunidades.

> Os estudos estatísticos têm constatado que há um fosso entre a população negra e a população branca, em termos de acesso e oportunidades. A ausência de negros nas profissões de prestígio, na política, em algumas expressões artísticas, na mídia etc., é resultado de uma longa história de exclusão, na qual o racismo e o sexismo atuam definindo para homens e mulheres negras lugares desprivilegiados na sociedade, quase intransponíveis.[82]

Essa longa história de exclusão apresenta suas marcas em todas as esferas da vida social. No mundo do trabalho, os/as negros/as se encontram nas piores condições. De acordo com a Pesquisa Nacional por Amostra de Domicílios Contínua (PNAD Contínua), divulgada pelo IBGE no terceiro trimestre de 2017, a população negra representava 63,7% dos/as desempregados/as no Brasil. Outro dado evidenciado nesta pesquisa que ratifica a disparidade existente e, tão logo, apontam os indícios do racismo estrutural no país, é que 66% dos/as trabalhadores/as domésticos/as também correspondem a esta população.

Dados mais recentes publicados através da PNAD Contínua, acerca da taxa de desocupação da população negra no segundo trimestre de 2019, evidencia o aumento do desemprego entre os/as negros/as, escancarando o quão o racismo está presente em nossa sociedade e se utiliza dessa população historicamente subalternizada para potencializar sua exploração e acumulação. Tais dados apontam que entre os/as brancos/as a taxa de desemprego ficou abaixo da média, em 9,5%, enquanto que, contraditoriamente, apresenta 14,5% para pretos/as e 14% para pardos/as, o que totaliza 28,5% entre a população negra. O contingente total de desempregados/as no Brasil no segundo trimestre de 2019, subiu para 12,8 milhões[83] de pessoas e, desse quantitativo, brancos/as representam apenas 34,7% enquanto os/as negros/as representam 64,3% do total – 52,1% entre pardos/as e 12,2% entre os/as que se autodeclaram pretos/as.

---

82 ALMEIDA, 2014, p. 134.

83 Não podemos desvincular o aumento desses dados com o cenário de regressão de direitos em curso, sobretudo após o golpe de 2016, em que destacamos especialmente a contra-reforma trabalhista aprovada em 2017 no governo de Michel Temer e a contra-reforma da previdência aprovada no ano de 2019 no governo de Jair Bolsonaro. Esses retrocessos altamente anti-populares, impactam diretamente nesse contigente, aviltando cada vez mais as condições de vida e trabalho da classe trabalhadora no Brasil.

A matéria publicada na revista *Carta Capital* sobre o Dia da Consciência Negra, em 2017, acerca das estatísticas que mostram a situação vivenciada pela população negra ainda nos tempos atuais, apresentou dados de uma pesquisa sobre salários no Brasil, com base nos estudos do Instituto de Pesquisa Econômica Aplicada (IPEA) e da Pesquisa Nacional por Amostra de Domicílios (PNAD), considerando rendimentos como salários, benefícios sociais, aposentadoria, aluguel de imóveis e aplicações financeiras, entre outros. O resultado traz que a população branca ganha o dobro da população negra e as projeções indicam que somente em 2089, os/as negros/as poderão ter renda equivalente aos/as brancos/as.

Sobre o racismo no mundo do trabalho, Rocha alude que:

> [...] a população negra ocupa funções menos valorizadas e remuneradas, sendo preterida nos espaços de ascensão social e poder. A cor da pele funciona, muitas vezes, como um mecanismo de seleção para inserção ou não em determinados espaços ocupacionais.[84]

Nesse aspecto, os dados acima apresentam relação direta com nossa história de colonização e nossa herança escravocrata, haja vista que a ideologia de "supremacia racial" foi e ainda é estratégica para o processo de acumulação capitalista e serve como parâmetro de atribuição de menores salários para "raças inferiores" e isso nos evidencia o quão o legado colonial-racista está presente na sociedade brasileira, bem como o tanto que a amálgama racismo *x* capitalismo é veraz.

> A classificação *racial* da população e a velha associação das novas identidades raciais dos colonizados com as formas de controle não pago, não assalariado, do trabalho, desenvolveu entre os europeus ou brancos a específica percepção de que o trabalho pago era privilégio dos *brancos*. A inferioridade racial dos colonizados implicava que não eram dignos do pagamento de salário. Estavam naturalmente obrigados a trabalhar em benefício de seus amos. **Não é muito difícil encontrar, ainda hoje, essa mesma atitude entre os terratenentes brancos de qualquer lugar do mundo. E o menor salário das *raças inferiores* pelo mesmo trabalho dos *brancos*, nos atuais centros capitalistas, não poderia ser, tampouco, explicado sem recorrer-se à classificação social racista da população do mundo.** Em outras palavras, separadamente da colonialidade do poder capitalista mundial.[85]

---

84 ROCHA, 2009, p. 546.

85 QUIJANO, 2005, p. 120. **(grifos nossos)**

Dessa forma, para o capitalismo se manter, historicamente, lança mão da herança colonial de hierarquização entre as raças, como forma de potencializar seu processo de exploração e garantir seu poder e hegemonia mundial. Isso significa criar e recriar constantemente estratégias para manutenção do racismo e, ao mesmo tempo, da ideologia da democracia racial sob a falácia de que há "possibilidades de igualdade" no interior da ordem burguesa. Tal realidade, concomitantemente, dissemina a ideia de que "todos/as são iguais e possuem os mesmos direitos", mas continua mantendo a população negra na base da pirâmide social.

Exemplo disso é o fato dos/as negros/as serem a maioria esmagadora da população beneficiária do Programa de Transferência de Renda do Governo Federal Bolsa Família. De acordo com informações do Ministério do Desenvolvimento Social (MDS),[86] no ano de 2013, 73% dos/as beneficiários/as se autodeclararam[87] pretos/as ou pardos/as. Dados do Cadastro Único de 2017 mostram que, no tange a distribuição das pessoas cadastradas por raça/cor, 70% corresponde a população negra.

Dados mais recentes, disponibilizados pelo Cadastro Único,[88] mostram que das quase 14 milhões de famílias beneficiárias do Bolsa Família, mais de 90% são chefiadas por mulheres e, destas, 75% são negras – o que nos demanda chamar atenção para o lugar da mulher negra nessa sociedade de lutas de classes. Estas ainda estão na base da pirâmide social, representando o segmento que vivencia as maiores formas de exclusão e violências, rebatimentos de uma sociabilidade racista, machista, misógina e patriarcal – sendo necessária, portanto, a análise numa perspectiva indissociável de gênero, raça e classe. Sobre esse aspecto, Ângela Davis nos ensina que:

> As organizações de esquerda têm argumentado dentro de uma visão marxista e ortodoxa que a classe é a coisa mais importante. Claro que classe é importante. **É preciso compreender que classe informa a raça. Mas**

---

86 Tal ministério foi extinto e substituído pelo Ministério da Cidadania, em 01 de janeiro de 2019 no governo de Jair Bolsonaro. O Ministério da Cidadania é a fusão do Ministério do Desenvolvimento Social, Ministério do Esporte e o Ministério da Cultura.

87 Importante frisar que toda vez que falarmos de autodeclaração, é necessário pensarmos um valor superior ao mencionado, haja vista todo processo difícil de se reconhecer enquanto negro/a no Brasil, em virtude de todo estigma e discriminação associado aos corpos negros – o que levam muitas pessoas negras não se reconhecerem como tal.

88 CADASTRO ÚNICO, 2018.

raça, também, informa a classe. E gênero informa a classe. Raça é a maneira como a classe é vivida. Da mesma forma que gênero é a maneira como a raça é vivida. A gente precisa refletir bastante para perceber as intersecções entre raça, classe e gênero, de forma a perceber que entre essas categorias existem relações que são mútuas e outras que são cruzadas. Ninguém pode assumir a primazia de uma categoria sobre as outras.[89]

Portanto, não podemos fazer uma análise de classe descolada da raça e gênero, considerando que a classe social não é abstrata, porque é expressão de algo real, concreto. Entendemos que para uma análise na perspectiva de totalidade da realidade social, a indissociabilidade entre classe-raça-gênero torna-se pressuposto. Somente assim conseguiremos capturar o fenômeno que se apresenta e construir as mediações necessárias de aproximações sucessivas ao real, para desvelá-lo.

Outra pesquisa realizada pelo MDS, em 2015, apresenta também que quase 90% das famílias extrativistas, assentados/as e ribeirinhos/as beneficiados/as pelo programa Bolsa Verde, são chefiadas por negros/as.

Considerando esses dados apresentados, vemos uma intrínseca relação entre desemprego, pobreza e população negra. Relação essa que não é natural, mas antes, produzida e determinada pela exploração do trabalho pelo capital que, no caso brasileiro, atinge de forma mais truculenta os corpos negros, gerando inúmeros processos de exclusão e violação de direitos essenciais. Por isso, "se a pobreza e o desemprego se constituem em expressões da 'questão social', eles não deixam de ser reiterados pelo racismo."[90]

Na continuidade dessas reflexões acerca dos indicadores sociais para se pensar a relação entre "questão social" e racismo, é importante elucidar que população negra é a maioria atendida pelo Sistema Único de Saúde (SUS). Dados evidenciam que quase 80% da população atendida no SUS se autodeclara negra.[91] Concomitantemente, dados evidenciam que as mulheres negras são as mais atingidas pela violência obstétrica e representam 60% das vítimas de mortalidade materna.[92]

---

89 DAVIS, 2011, n.p. **(grifos nossos)**

90 MARTINS, 2013, p. 14.

91 NAÇÕES UNIDAS BRASIL. Quase 80% da população brasileira que depende do SUS se autodeclara negra. 5 dez. 2017. Disponível em: https://nacoesunidas.org/quase-80-da-populacao-brasileira-que-depende-do-sus-se-autodeclara-negra/. Acesso em: 26 maio 2020.

92 MESQUITA; MOURÃO, 2019.

No âmbito da educação, estudos evidenciam que a taxa de analfabetismo entre a população negra é 22,3% – sendo 11,2% entre pretos/as e 11,1% entre pardos/as –, enquanto a população branca possui apenas 5% de analfabetos/as.[93]

Acerca do encarceramento no país, dados do INFOPEN (2017)[94] apresentam que 64% da população carcerária é negra. Além disso, pesquisas evidenciam que o Brasil tem a 3º maior população carcerária do mundo, ficando atrás apenas da China e EUA.[95] Nesse sentido, podemos refletir a prisão, além de ser um local gravíssimo de violação de direitos humanos, enquanto um lócus de contenção da luta de classes, a partir de encarceramento em massa dos corpos negros.

No que diz respeito às diversas formas de violências, a população negra também representa o segmento mais atingido, em todos os níveis. De acordo com o *Atlas da Violência*, publicado pelo Instituto de Pesquisa Econômica Aplicada (IPEA), em 2018, a população negra está no principal índice das pessoas que possuem maiores chances de serem vítimas de homicídios. Tal documento afirma que "[…] em um período de uma década, entre 2006 e 2016, a taxa de homicídios de negros cresceu 23,1%. No mesmo período, a taxa entre os não negros teve uma redução de 6,8%."[96]

Já o *Atlas da Violência* publicado em 2019, mostra um aprofundamento da desigualdade racial no que se refere aos índices de violência letal no país. Esse documento evidenciou que, no ano de 2017, 75,5% das vítimas de homicídios foram negros/as. Esses estudos revelam que:

> […] para cada indivíduo não negro que sofreu homicídio em 2017, aproximadamente, 2,7 negros foram mortos […]. No período de uma década (2007 a 2017), a taxa de negros cresceu 33,1%, já a de não negros apresentou um pequeno crescimento de 3,3%. Analisando apenas a variação no último ano, enquanto a taxa de mortes de não negros apresentou relativa estabilidade, com redução de 0,3%, a de negros cresceu 7,2%.[97]

---

[93] TOKARNIA, Mariana. Educação reforça desigualdades entre brancos e negros, diz estudo. Agência Brasil, 18 nov. 2016. http://agenciabrasil.ebc.com.br/educacao/noticia/2016-11/educacao-reforca-desigualdades-entre-brancos-e-negros-diz-estudo. Acesso em: 26 maio 2020.

[94] BRASIL, 2017.

[95] CAULYT, Fernando. Brasil, terceira maior população carcerária, aprisiona cada vez mais. Carta Capital, 12 set. 2018. Disponível em: https://www.cartacapital.com.br/sociedade/brasil-terceira-maior-populacao-carceraria-aprisiona-cada-vez-mais/. Acesso em: 26 maio 2020.

[96] IPEA, 2018, p. 40.

[97] IPEA, 2019, p. 49.

Em números estatísticos, os/as negros/as correspondem a 78,9% dos/as pertencentes ao grupo dos/as 10% com mais chances de serem vítimas fatais. De acordo com os dados, os/as negros/as possuem 23,5% maiores chances de serem assassinados em relação a pessoas não negras. "De cada 100 pessoas que sofrem homicídio no Brasil, 71 são negras. Jovens e negros do sexo masculino continuam sendo assassinados todos os anos como se vivessem em situação de guerra."[98] Os dados ainda apontam que os jovens negros e de baixa escolaridade são as principais vítimas de mortes violentas no país, cuja média nacional mostra o crescimento em 34,7% entre a população negra. Por isso, entendemos que:

> Se o racismo encerra desigualdades, violação de direitos e violência; indiscutivelmente, ele não deixa de mediar a 'questão social'. Nesse sentido, não dá para debater o racismo sem minimamente buscar os seus nexos com a 'questão social' brasileira e com as suas múltiplas expressões.[99]

A cruel e violenta realidade que acomete os corpos negros em nosso país, nos explicita isso. Um fato ocorrido em agosto de 2019, que causou grande repercussão, foi o do jovem negro de 17 anos, que vive em situação de rua. Ele foi amordaçado, chicoteado com fios elétricos e ameaçado de morte pelos seguranças, após ser acusado de roubar quatro barras de chocolate para matar a fome no supermercado Ricoy, na zona sul de São Paulo.[100]

Também, nesse mesmo mês de agosto, seis jovens – sem nenhuma ligação com o crime, vale destacar – foram mortos no Rio de Janeiro em menos de 80 horas. Dyogo Costa Xavier de Brito, de 16 anos; Gabriel Pereira Alves, de 18; Lucas Monteiro dos Santos Costa, de 21; Tiago Freitas, também de 21; Henrico de Jesus Viegas de Menezes Júnior, de 19 e também Margareth Teixeira, de 17 anos.[101]

Em fevereiro de 2019, Pedro Gonzaga, de 19 anos, que segundo familiares possuía transtornos mentais, foi morto por asfixia e estrangu-

---

98 IPEA, 2017, p. 30.

99 MARTINS, 2013, p. 11.

100 LARA, Walace; BRIONE, Ariane. Adolescente que aparece em vídeo sendo torturado relata que foi chicoteado com fios elétricos em SP. G1, 2 set. 2019. Disponível em: https://g1.globo.com/sp/sao-paulo/noticia/2019/09/02/adolescente-que-aparece-em-video-sendo-torturado-relata-que-foi-chicoteado-com-fios-eletricos-em-sp.ghtml. Acesso em: 26 maio 2020.

101 G1. RJ teve pelo menos 6 jovens mortos a tiros em cinco dias. 14 ago. 2019. Disponível em: https://g1.globo.com/rj/rio-de-janeiro/noticia/2019/08/14/rj-teve-pelo-menos-6-jovens-mortos-a-tiros-em-cinco-dias.ghtml. Acesso em: 26 maio 2020.

lamento, também pelos seguranças do supermercado Extra, na Barra da Tijuca no Rio de Janeiro.[102]

Em maio de 2020, uma funcionária negra trabalhadora da empresa Autoliv, em Taubaté (SP),[103] foi acusada de ter saído mais cedo do trabalho e, por isso, foi amarrada, humilhada e obrigada a caminhar pela empresa na frente dos/as colegas de trabalho como forma de punição pela chefia, sendo chamada de "negra fujona". Em depoimento, a funcionária informou que cumpriu o horário corretamente e apenas saiu sem informar seus superiores.

Esses trágicos acontecimentos, dentre inúmeros outros, evidenciam o quão racista, genocida e antinegro é o Estado Brasileiro. Trata-se de um projeto de violência, humilhação e extermínio da população negra. Essa realidade evidencia que o projeto de dominação colonial, infelizmente não dominou apenas os corpos negros, mas também nossas mentes. Esse projeto operou uma verdadeira colonização cognitiva e das subjetividades.[104]

Essa colonização, expressa-se nos processos de naturalização dessas situações de barbárie vivenciada pela população negra. Naturalização essa, que é decorrente do ideário racista de inferiorização racial e que, historicamente, serviu para esvaziar o/a negro/a de sua humanidade, concebendo-o/a como coisa. Além disso, a construção da sua imagem fora associada ao/à vagabundo/a, ao/à preguiçoso/a, ao/à mal, ao/à perigoso/a, logo, a presença do/a negro/a se torna motivo de medo. Por isso, precisa ser eliminado/a.

> Quando o objeto do medo é tratado moralmente, torna-se sinônimo do "mal". Ao mesmo tempo em que a moral serve ideologicamente para dar identidade ao objeto do medo ela passa a justificar uma **inversão na moralidade** do sujeito: **na luta contra o "mal" toda moral é suspensa, tudo é válido**: o "mal" acaba justificando o próprio "mal": **a morte, a tortura, a eliminação do outro**.[105]

---

102 REDE TOCANTIS DE NOTÍCIAS. Jovem morre após ser asfixiado por segurança em mercado; veja vídeo. 18 fev. 2019. Disponível em: https://www.redeto.com.br/noticia-26778-jovem-morre-apos-ser-asfixiado-por-seguranca-em-mercado-veja-video.html#.Xs13qmhKjIV. Acesso em: 26 maio 2020.

103 PRAGMATISMO POLÍTICO. Funcionária negra é amarrada e humilhada em empresa por sair mais cedo. 14 maio 2020. Disponível em: https://www.pragmatismopolitico.com.br/2020/05/funcionaria-negra-e-amarrada-e-humilhada-em-empresa-por-sair-mais-cedo.html. Acesso em: 26 maio 2020.

104 QUIJANO, 2005.

105 BARROCO, 2011, p. 210. **(grifos nossos)**

Portanto, como observado por Moura,[106] para construção de uma práxis social coerente, é fundamental compreendermos que os quase quatrocentos anos de escravidão no Brasil foram determinantes para formação do *ethos* do nosso país e que ainda a ideologia escravista traz resquícios no tempo presente, cinicamente falseada pela famigerada perspectiva da democracia racial.

Ainda na continuidade dessas reflexões, não podemos esquecer dos assassinatos criminosos de inúmeras Cláudias, Amarildos e DGs. Assassinatos que ainda aguardam desfecho. Depois de mais dois anos do assassinato de Marielle Franco, ainda nos perguntamos: quem mandou matar Marielle? Há também a execução do músico Evaldo Rosa que foi assassinado pelo exército com 80 tiros!

O assassinato dessas vidas negras não são um ponto fora da curva. É um projeto. Projeto de eliminação dos corpos negros. Arquitetado pelo Estado e legitimado socialmente. Para um presidente que defende publicamente o golpe de 1964, como o Bolsonaro,[107] os 80 tiros disparados contra Evaldo e sua família não podem ser considerados como algo desconectado dessa dinâmica conjuntural que vivenciamos.

> Do Golpe de 2016 para cá, em especial a partir da eleição de Jair Bolsonaro, parece que estamos adentrando justamente uma conjuntura em que alguns aspectos e elementos estruturais da nossa formação social, como a **violência estatal racista e antipopular, estão se intensificando**. Mais uma vez, as repressões destinadas aos setores organizados e desorganizados da classe trabalhadora parecem caminhar juntas. Assim, se em uma interpretação historiográfica e sociológica de longa duração, na qual os fatores estruturais adquirem preponderância analítica, **os 80 tiros de fuzil disparados no último domingo pelo Exército brasileiro, que assassinaram o trabalhador negro Evaldo e feriram sua "perigosa" família (negra), não podem ser considerados como um ponto fora da curva**, ou seja, como tiros fora do alvo no padrão da dominação de classes no Brasil moderno, do ponto de vista da análise conjuntural, cujo tempo é o das lutas de classe e da ação política, pensamos que **tal ocorrido evidencia a viragem conservadora e mesmo reacionária que estamos vivenciando recentemente no país**.[108]

Deste modo, se os corpos negros historicamente são exterminados nessa sociedade, numa conjuntura como a que vivemos de exacerbação do ódio, putrefação e decadência ideológica, isso se acentua na medida em que a violência estatal racista também se intensifica.

---

106 MOURA, 1983.

107 O GLOBO, 2020.

108 DEMIER, 2019, n.p. **(grifos nossos)**

No que diz respeito à situação da violência contra as mulheres, entre 2005 a 2015 reduziu-se em 7,4% a mortalidade entre mulheres não negras. Contudo, no tocante às mulheres negras observou-se, no mesmo período, um aumento de 22%.[109] Tais dados apontam ainda que, além do aumento significativo e desastroso em relação à mortalidade das mulheres negras, também se identificou o crescimento em relação a mortes por agressão, passando de 54,8% em 2005 para 65,3% em 2015. Cabe também comentar que a taxa de homicídios de mulheres negras foi 71% superior à de mulheres não negras.[110]

Já o *Atlas da Violência,* publicado no ano de 2019,[111] evidencia que a taxa de homicídios entre as mulheres negras cresceu 29,9% enquanto entre as mulheres não negras cresceu somente 4,5%. Os dados se agravam muitíssimo quando analisados em números absolutos, visto que mostram um crescimento de 1,7% entre as mulheres não negras e 60,5% entre as negras. Ademais, também revelam que, em 2017, 66% de todas as mulheres assassinadas no país eram negras.

Em outras palavras, essas preocupantes estatísticas apontam que a "[...] combinação entre desigualdade de gênero e racismo é extremamente perversa e configura variável fundamental para compreendermos a violência letal contra a mulher no país."[112] Na direção da compreensão de que a amálgama gênero-raça-classe potencializa as formas de exploração e violência nessa sociedade, concordamos quando Rocha aponta que:

> Esses eixos, quando combinados, podem aprofundar o campo das desigualdades, como é o caso da violência contra a mulher. Embora esse tipo de violência seja algo capaz de se manifestar em qualquer classe social e em qualquer fase da vida (criança, jovem, idosa), independentemente da origem étnico-racial, religiosa ou procedência, ela pode ser mais recorrente contra mulheres que, além da discriminação de gênero, estejam também expostas a outras discriminações, como as de origem econômica e as de origem racial.[113]

Todos esses dados apresentados, além de evidenciarem o racismo enquanto elemento fundante em nossa sociedade, também refletem os pensamentos e práticas fascistas tão presentes e naturalizados pela sociabilidade do capital, frutos da mesma, pois:

---

109 IPEA, 2017.
110 IPEA, 2018.
111 IPEA, 2019.
112 IPEA, 2017, p. 39.
113 ROCHA, 2009, p. 547.

> [...] numa sociedade de raízes culturais conservadoras e autoritárias como a brasileira, a violência é naturalizada; tende a ser despolitizada, individualizada, tratada em função de suas consequências e abstraída de suas determinações sociais.[114]

Essa realidade é reflexo de uma sociedade regida sob os ditames do capital que, para sua manutenção, cria e recria formas de exploração, acumulação e concentração de lucro. Para lograr tal êxito, só é possível às custas da barbarização da vida social em todas as instâncias, dos processos desumanizatórios, que coisificam homens e mulheres – sobretudo os/as negros/as.

Nesta direção teórico-política, corroboramos com Santos que é inquestionável que o racismo se estabelece como um mecanismo de dominação burguesa sobre os/as trabalhadores/as nessa sociedade, para divisão e fragmentação das classes populares e para intensificação da exploração dos/as negros/as.

> O modo de produção capitalista foi exportado da Europa para o conjunto da humanidade desde os seus primórdios, ainda no período da acumulação primitiva, e agora no seu estágio contemporâneo capitalista impôs aos povos, sobretudo os da África, Ásia e América, um conjunto de práticas que se expressaram através do genocídio, da escravização, da aculturação e da exploração. De um lado, captamos conexões existentes entre os discursos e práticas racistas e de outro observamos os propósitos de reprodução e ampliação do capital. **A luta contra o racismo não será vitoriosa se não estiver alinhada à luta pelo fim da dominação capitalista. Assim como o racismo se apresenta enquanto um elemento indispensável para o sistema da divisão da sociedade em classes, somente uma luta abstratamente anticapitalista não nos proporcionará os desfechos almejados. Para tanto, é necessário que a luta contra o racismo seja parte da luta contra o capitalismo!**[115]

Deste modo, compreendemos que a derrota do racismo não pode ser descolada da derrota do capitalismo, pois o racismo se coloca como uma estratégia de exploração e dominação do capital sobre os corpos racializados.

Considerando, assim, que a "questão social" é a razão de ser do Serviço Social[116] e que, no Brasil, o racismo apresenta particularidades devido nossa formação social, só é possível pensarmos numa formação e trabalho profissional de qualidade, em sintonia com a direção social

---

114 BARROCO, 2011, p. 208.

115 SANTOS, 2019, p. 9-10. **(grifos nossos)**

116 NETTO, 2001.

estratégica da profissão e compromissado com valores emancipatórios e libertários, se nos debruçarmos sobre essa realidade, com vistas a decifrar as desigualdades étnico-raciais e como a dinâmica do capital cria e recria suas formas de dominação a partir delas.

> Numa sociedade marcada por índices alarmantes de desigualdades sociais, o profissional de Serviço Social se vê impelido a intervir sobre uma realidade de múltiplas violações de direitos. Sua intervenção deverá estar coadunada com os princípios do seu código de ética, que afirma que o posicionamento profissional deva ser em favor da equidade e da justiça social. Assim, sua atuação exigirá, para além da competência técnica-operacional, um posicionamento ético e político ante essas violações.[117]

Por isso mesmo, os dados aqui apresentados, nos convocam ao compromisso ético e político de encampar e fortalecer a luta antirracista, a qual deve estar, absolutamente, atrelada à luta pela derrocada do capital, uma vez que é necessária a convicção de que somente em outra ordem societária poderemos ser livres. Mas, essa compreensão e coerência ético-política, exige que o Serviço Social Brasileiro, de fato, incorpore o antirracismo e trate a questão étnico-racial com a verdadeira importância que ela demanda.

---

[117] ROCHA, 2009, p. 542.

"ELES COMBINARAM DE NOS MATAR, MAS NÓS COMBINAMOS DE NÃO MORRER": REFLEXÕES SOBRE A LUTA ANTIRRACISTA NO BRASIL

> *Quem vai pagar a conta?*
> *Quem vai contar os corpos?*
> *Quem vai catar os cacos dos corações?*
> *Quem vai apagar as recordações?*
> *Quem vai secar cada gota*
> *De suor e sangue*
> *Cada gota de suor e sangue...*
> **Luedji Luna**, *Cabô*

RACISMO, DESIGUALDADES E O PAPEL DOS MOVIMENTOS SOCIAIS NA LUTA DE CLASSES

Pensar a luta antirracista no Brasil não é tarefa fácil. Ao se observar a história da população negra até os dias atuais, é possível identificar que, apesar dos avanços importantes que tivemos – fruto do longínquo histórico de luta e resistência do povo preto no país –, o racismo, com todas suas atrocidades, ainda é uma pungente realidade que faz parte do cotidiano da vida de negros/as. Poderíamos dizer que tal fenômeno, possui raízes do ponto de vista ideológico e do ponto de vista da realidade concreta – que se inter-relacionam e que persistem em ratificar esse lugar de subalternização para a população negra.

Do ponto de vista da realidade concreta, a própria dinâmica social apresenta estas evidências, uma vez que a população negra está entre os piores indicadores sociais, em todos os âmbitos, e carrega a marca da exclusão, do não acesso à direitos fundamentais, das multifacetadas formas de violência, como acabamos de demonstrar no capítulo anterior. Do ponto de vista ideológico, um dos principais aspectos e que também se coloca como um grande desafio para a luta contra o racismo, é o famigerado e falacioso mito de que vivemos numa sociedade em que há uma "democracia racial", ou seja, em que não há racismo, mas sim uma convivência "harmônica" entre as raças no Brasil.[118]

Esse mito, reproduzido e sustentado por grande parcela da sociedade, não só dificulta o entendimento do racismo enquanto existente e estruturante da nossa sociedade como, principalmente, a compreensão da necessidade do seu enfrentamento, com o argumento de que não há diferenças postas à população negra e a não-negra.

É importante explicitarmos isso ao se pensar a luta antirracista pelo seguinte motivo: só se luta contra algo e para alteração de uma dada realidade, quando identificamos sua existência e a necessidade de modificação deste fato. Se não se identifica o motivo pelo qual se luta ou por que se luta, não se tem possibilidades de superação desta realidade e, menos ainda, da construção do novo. Em outras palavras: só se combate ao racismo quando se identifica sua existência e, mais que isso, quando se desvela o que lhe dá sustentação – o que só é possível, quando conseguimos apreender a raiz do problema, ou seja, o fundamento da produção dessa situação de desigualdade.

Nesse sentido, vale destacar que a própria desigualdade brutal existente na sociedade capitalista, a qual a constitui, nos impele à luta para alteração desta realidade. Esta organização societária, regida sob a égide do capital, possui uma contradição fundante: a riqueza é socialmente produzida, mas acumulada privadamente. Isto implica dizer que quem produz a riqueza, não usufrui de sua própria produção.

Assim, as duas classes fundamentais vivem em constantes disputas e conflitos, uma vez que uma é detentora dos meios de produção e a outra possuidora apenas da força de trabalho. Essa relação contraditória é necessária e ineliminável neste modo de produção, uma vez que "[...]

---

118 Autores como Gilberto Freyre, Monteiro Lobato, Silvio Romero, por exemplo, são alguns dos principais teóricos no Brasil responsáveis pela sustentação dessa tese racista.

nem o capitalista pode acumular sem incorporar a força de trabalho alheia, nem o trabalhador pode produzir sem se vincular ao capital."[119]

Essa relação intrínseca ao modo de produção capitalista tem como base a exploração da força de trabalho dos/as trabalhadores/as, uma vez que é a partir do trabalho excedente (mais-valia) que se produz a riqueza – e essa não é usufruída por estes/as que a produz, mas sim, apropriada privadamente pelo capital.

> [...] nessa relação entre capital (proprietários dos meios de produção) e trabalho (meros possuidores da força de trabalho), o trabalhador é despojado do produto do seu trabalho excedente (mais-valia); isso caracteriza uma *relação de exploração*: a apropriação privada pelo capital, da mais-valia produzida pelo trabalhador.[120]

É essa própria contradição inerente à sociedade capitalista, que impulsiona a necessidade da luta contra as desigualdades produzidas e reproduzidas por esse modo atroz de produção. Assim, devido a toda situação de desigualdade, pobreza, exclusão, opressão que vivemos – que é estrutural e funcional a essa sociedade –, os/as trabalhadores/as se organizam e lutam por melhores condições de vida.

Não sem motivos, portanto, que Marx e Engels vão dizer no *Manifesto do Partido Comunista* em 1848 que a história de toda sociedade, até os dias atuais, tem sido a história da luta de classes. Nesta direção, considerando nossa formação social, conforme fora anteriormente abordado, podemos evidenciar que o Brasil possui suas pungentes particularidades no que tange à questão étnico-racial, dentre as quais resgatamos aqui: ter sido o país que retirou do continente africano cerca de 40% do total de negros/as para serem escravizados/as durante a existência do tráfico e o último país da América a ter abolido formalmente a escravidão.[121] Trata-se, portanto, de uma formação sócio-histórica colonial, racista, violenta, sangrenta, antipopular e antidemocrática, a qual teve aparato estatal para lograr êxito.

Assim, de acordo com Duriguetto *et al.*:

> No Brasil, o padrão de intervenção estatal na consolidação da modernização capitalista conformou uma **dinâmica social em que as ações e demandas das classes subalternas foram incorporadas sob a lógica da repressão, do clientelismo, do paternalismo e do autoritarismo** [...] O **caráter antidemocrático de nossa modernização capitalista** teve no aparelho estatal um papel decisivo para sua implementação, revelado pela **exclusão da participação po-**

---

119 MONTAÑO; DURIGUETTO, 2011, p. 78.

120 MONTAÑO; DURIGUETTO, 2011, p. 79.

121 MOURA, 1989; 1988.

pular nos processos de decisão das questões políticas que ordenaram as relações entre Estado, classes dominantes e as classes subalternas.[122]

Portanto, é esse histórico truculento e nefasto que dará o "caldo cultural" para conformar as relações sociais no Brasil. É exatamente essa formação e desenvolvimento social, econômico e político imensamente desigual, que exige a necessidade da luta coletiva como forma de denúncia às diversas situações de violência, injustiça, opressão, dominação e desigualdades que são produzidas e impulsionadas pela sociedade capitalista – e que atingem de maneira imensamente mais nefasta a população negra.

É nesse contexto que também surgem os movimentos sociais, enquanto uma organização política em torno de um sujeito coletivo que objetiva modificar determinada realidade. Sendo assim, concordamos com Duriguetto *et al.* que os movimentos sociais são o desdobramento sociopolítico das contradições dessa sociedade, cuja sua própria dinâmica, coloca a exigência da luta organizada. Por isso,

> Partimos do entendimento de que a emergência e o desenvolvimento dos movimentos sociais, que expressam os interesses das classes subalternas, são o desdobramento sociopolítico das contradições do desenvolvimento capitalista que se materializam na chamada "questão social". Foram os movimentos sociais que transformaram a questão social, na realidade brasileira e em qualquer outra formação capitalista, numa questão política e pública.[123]

Desta forma, os movimentos sociais, numa perspectiva classista, possuem inconteste importância nessa sociedade de luta de classes, pois são responsáveis por publicizar as contradições do modo de produção operante, apresentando possibilidades de superação dessa ordem social, apontando para um horizonte estratégico, cuja sociabilidade seja eminentemente oposta à do capital.

É nesse meandro que, com o intento de evidenciar as contradições e violências vivenciadas pela população negra, bem como evidenciar o racismo enquanto elemento fortemente presente na sociedade brasileira, que as formas de organização política da luta antirracista surgem e vão sendo construídas historicamente, de acordo com os momentos históricos e conjunturais. Pois, "[...] eles combinaram de nos matar, mas nós combinamos de não morrer."[124]

---

122 DURIGUETTO *et al.*, 2009, p. 14. **(grifos nossos)**

123 DURIGUETTO *et al.*, 2009, p. 14.

124 Frase atribuída à escritora Conceição Evaristo. "Combinamos de não morrer" faz parte de um trecho do conto *A gente combinamos de não morrer*, publicado em seu livro *Olhos d'água* (2014).

ALGUNS ANTECEDENTES DO PROCESSO DE LUTA E RESISTÊNCIA NEGRA NO BRASIL

Em termos gerais, têm-se como referência dois principais marcos da luta antirracista no país: a criação da Frente Negra Brasileira em 1931 e a criação do Movimento Negro Unificado em 1978. Entretanto, nesse intermédio, há uma longa história de lutas e resistências travadas pela população negra no Brasil que é pouco mencionada.

No que diz respeito às resistências engendradas pela população negra, entendemos que o próprio movimento denominado por Moura de quilombagem,[125] as fugas e embates travados no contexto da escravidão se constituem enquanto formas de resistência. Diferente do que repetidas vezes concebemos, os/as negros/as não aceitaram a escravidão passivamente. Pelo contrário, se revoltavam diuturnamente contra o cativeiro a que estavam submetidos/as. Sendo assim:

> O rosário de lutas do negro escravizado contra o estatuto que o oprimia enche todo o período no qual perdurou o sistema escravista de produção. Depois do Haiti, o Brasil é o país no qual ocorreu maior número de revoltas de escravos, de fugas e outras de manifestações antiescravistas por parte do próprio escravo.[126]

Nesta direção, Domingues corrobora para refutar a visão reducionista, apresentando todo um resgate histórico da luta antirracista no país, o que permite "[...] afirmar que o movimento negro contemporâneo já acumula experiência de gerações, sendo herdeiro de uma tradição de luta que atravessa praticamente todo o período republicano."[127]

Esta perspectiva é importante, pois nos permite uma apreensão de totalidade de todo processo de organização política em torno do movimento negro. Assim, Domingues explicita essa trajetória a partir de alguns apontamentos históricos, e os subdividem em quatro fases:[128]

I. Primeira República ao Estado Novo (1889-1937);
II. Segunda República à Ditadura Militar (1945-1964);
III. do início do processo de redemocratização à República Nova (1978-2000);
IV. apresenta algumas reflexões hipotéticas do movimento negro no contexto dos anos 2000 adiante.

---

125 MOURA, 1989.
126 MOURA, 1988, p. 4.
127 DOMINGUES, 2007, p. 122.
128 DOMINGUES, 2007.

No que concerne à primeira fase (1889-1937), o autor alude que apesar da proclamação da República um ano após a "abolição" da escravatura, esse sistema político que se inaugura também não possibilitou mudanças na vida da população negra e esta continuava vivenciando intensa situação de marginalização.[129] É exatamente nesse contexto que se tem a efervescência de movimentos de mobilização racial negra pelo Brasil, protagonizados pelos/as ex-escravizados/as como forma de denunciarem as situações que vivenciavam e fortalecer a identidade negra.

> Para reverter esse quadro de marginalização no alvorecer da República, os libertos, ex-escravos e seus descendentes instituíram os movimentos de mobilização racial negra no Brasil, criando inicialmente dezenas de grupos (grêmios, clubes ou associações) em alguns estados da nação. Em São Paulo, apareceram o Club 13 de Maio dos Homens Pretos (1902), o Centro Literário dos Homens de Cor (1903), a Sociedade Propugnadora 13 de Maio (1906), o Centro Cultural Henrique Dias (1908), a Sociedade União Cívica dos Homens de Cor (1915), a Associação Protetora dos Brasileiros Pretos (1917); no Rio de Janeiro, o Centro da Federação dos Homens de Cor; em Pelotas/RS, a Sociedade Progresso da Raça Africana (1891); em Lages/SC, o Centro Cívico Cruz e Souza (1918). Em São Paulo, a agremiação negra mais antiga desse período foi o Clube 28 de Setembro, constituído em 1897. As maiores delas foram o Grupo Dramático e Recreativo Kosmos e o Centro Cívico Palmares, fundados em 1908 e 1926, respectivamente.[130]

Nesse sentido, observamos no início dos anos de 1900 a insurgência de inúmeras formas de organização da resistência negra por diversas regiões do país o que, sem dúvidas, representava algo fundamentalmente importante e necessário para a luta antirracista no Brasil.

Num panorama quantitativo, Domingues mostra, com base em outras fontes, que entre 1907 a 1937 havia 123 associações negras em São Paulo; entre 1889 a 1920 tinha-se registro da criação de 72 em Porto Alegre; e 53 em Pelotas (RS) no período de 1888 a 1929.[131] Além disso, destaca que existiam associações formadas exclusivamente por mulheres negras.

De tal modo, não podemos perder de vista a importância histórica desse processo, pois numa sociedade de raízes profundamente desiguais como a nossa, assentada no escravismo, toda essa organização e bravura para a luta, apenas nos evidenciam o quão longa é a tradição de lutas e resistências das populações de origem africana em nosso país.[132]

---

129 DOMINGUES, 2007.

130 DOMINGUES, 2007, p. 103.

131 DOMINGUES, 2007.

132 CARDOSO, 2012.

Destaca-se, também nesse período, o surgimento da "imprensa negra" que é a construção de jornais protagonizados por negros/as, com o intuito de explicitarem a todo o conjunto da sociedade as situações sob as quais a população negra estava submetida e também seria uma forma de possibilitar maior capilaridade e publicidade às suas demandas e reinvindicações. A esse respeito, Domingues sinaliza que:

> Até 1930, contabiliza-se a existência de, pelo menos, 31 desses jornais circulando em São Paulo. A *imprensa negra* conseguia reunir um grupo representativo de pessoas para empreender a batalha contra o "preconceito de cor" como se dizia na época [...] **Esses jornais enfocavam as mais diversas mazelas que afetavam a população negra no âmbito do trabalho, da habitação, da educação e da saúde, tornando-se uma tribuna privilegiada para se pensar em soluções concretas para o problema do racismo na sociedade brasileira.** Além disso, as páginas desses periódicos constituíram **veículos de denúncia do regime de "segregação racial"** que incidia em várias cidades do país, impedindo o negro de ingressar ou frequentar determinados hotéis, clubes, cinemas, teatros, restaurantes, orfanatos, estabelecimentos comerciais e religiosos, além de algumas escolas, ruas e praças públicas.[133]

Desta forma, essa proposta alternativa de imprensa cumpria uma função fundamentalmente necessária para tornarem públicas as situações de segregação racial e as inúmeras desigualdades que a população negra vivenciava devido a perpetuação do racismo e da ideologia colonial-escravocrata.

Ainda nesse momento, temos o surgimento da Frente Negra Brasileira (FNB) em 1931, em São Paulo, e isso representou um momento de grande relevância para a luta antirracista no Brasil. Domingues aponta que a FNB foi a entidade negra mais importante do país na primeira metade do século XX, pois "[...] arregimentou milhares de 'pessoas de cor', conseguindo converter o Movimento Negro Brasileiro em movimento de massa."[134] Para Moura:

> No bojo dessa movimentação ideológica da comunidade negra paulistana, através de seus jornais, surge a ideia da formação da *Frente Negra Brasileira*. Ela irá constituir-se num movimento de caráter nacional, com repercussão internacional. Surgiu da obstinação de negros abnegados, como Francisco Lucrécio, Raul Joviano do Amaral, José Correia Leite (que, depois, dela se afastará por motivos ideológicos) e mais alguns.[135]

---

133 DOMINGUES, 2007, p. 105. (**grifos nossos**)

134 DOMINGUES, 2007, p. 106.

135 MOURA, 1989, p. 72.

Outro aspecto extremamente importante é o protagonismo das mulheres negras na FNB, pois "naquela época, as mulheres negras não tinham apenas importância simbólica no movimento negro [...] assumiam diversas funções na FNB."[136] Porém, em que pese esses aspectos e sua importância, pelo fato da FNB não ser uma frente de esquerda,[137] ela adentra um processo de inúmeras contradições em seu interior e, contraditoriamente, passa a apoiar um projeto político-ideológico antagônico à luta antirracista – o que não é fruto do acaso, haja vista que naquele momento histórico o projeto eugenista estava muito presente em toda sociedade.

> Em 1936, a FNB transformou-se em partido político e pretendia participar das próximas eleições, a fim de capitalizar o voto da "população de cor". Influenciada pela conjuntura internacional de ascensão do nazifascismo, notabilizou-se por defender um programa político e ideológico autoritário e ultranacionalista. Sua principal liderança, Arlindo Veiga dos Santos, elogiava publicamente o governo de Benedito Mussolini, na Itália, e Adolfo Hitler, na Alemanha. O subtítulo do jornal *A Voz da Raça* também era sintomático: "Deus, Pátria, Raça e Família", diferenciando-se do principal lema integralista (movimento de extrema direita brasileiro) apenas no termo "Raça". A FNB mantinha, inclusive, uma milícia, estruturada nos moldes dos boinas verdes do fascismo italiano.[138]

Apesar de ter como intuito a denúncia do racismo e a luta em prol da população negra que, desde os tempos mais remotos, é o segmento mais espoliado desta sociedade, a FNB caminhou em direção a um projeto político e ideológico que, em nada, contribuiria para a superação do racismo e de todas as formas de violências e opressões vividas por essa população. Em 1937, devido a ditadura do "Estado Novo", a FNB, bem como todas as organizações políticas foram extintas e, desta forma, o movimento negro foi esvaziado.[139]

---

136 DOMINGUES, 2007, p. 106.

137 A FNB, apesar de ser um dos principais marcos da luta antirracista no Brasil e ser o primeiro momento de uma organização mais sistemática da população negra, não possuia um caráter classista e revolucionário. Seu objetivo era a integração do negro na sociedade e a denúncia das condições de vida que a acometiam essa população – fruto do racismo presente na sociedade. Exemplo de não ser uma frente com uma perspectiva de esquerda, é o fato da FNB defender e ter como referência líderes políticos fascistas como Mussolini e Hitler.

138 DOMINGUES, 2007, p. 107.

139 DOMINGUES, 2007.

Nesse sentido, é importante mencionar os processos de *classe em si* e *classe para si*. Com base em Montaño e Duriguetto, podemos compreender a classe em si enquanto a simples existência de uma classe, isto é, o segmento populacional que compõe determinado lugar no processo de produção, independentemente do nível de consciência ou inserção no processo de luta. Inversamente, a classe para si é caracterizada não apenas pelo lugar que ocupa, mas, fundamentalmente, pela consciência de pertencimento e pela organização na luta pelos interesses de sua classe.[140]

> Como afirmamos, "em si" e "para si" representam duas dimensões, na constituição e na análise das classes sociais, e não um "antes e depois" de uma suposta "tomada de consciência". Condição social (classe em si) e organização para a luta (classe para si) representam uma relação dialética do desenvolvimento das classes e, portanto, da nossa análise. Esta dupla dimensão da classe, "em si" e "para si", que em condições históricas pode *coexistir* num mesmo momento, em outras caracteriza uma *passagem*, levando-nos às seguintes determinações da classe: a "consciência" e as "lutas" de classes.[141]

É preciso compreender que não é apenas o pertencimento a uma determinada classe social que, automaticamente, fará o sujeito ter consciência do seu lugar na luta de classes, tendo em vista que a consciência não é dada pelo alto ou como num passe de mágicas, ela é um processo e também determinada pela realidade social. Assim,

> A consciência é determinada pela realidade social, e ela é condição para sua transformação. A objetividade (da realidade existente) e a subjetividade (dos sujeitos que dela fazem parte) unem-se num único processo. **A mera vivencia das pessoas sobre suas realidades sociais, determina um tipo de consciência, mas essa última pode se desenvolver de diversas formas e níveis**, em função do tipo de inserção e apreensão na/da realidade, individual, grupal ou humano-genérica.[142]

Por isso que a conhecida passagem de Marx "[...] não é a consciência dos homens que determina seu ser; é o seu ser social que, inversamente, determina a sua consciência [...]", além de atual, faz total sentido ao pensarmos os níveis de consciência e de que formas são engendradas nos processos das lutas sociais. Sendo assim, não basta apenas pertencer a uma determinada classe, é preciso ter consciência e nitidez de *qual lado* está na luta de classes.

---

140 MONTAÑO; DURIGUETTO, 2011.

141 MONTAÑO; DURIGUETTO, 2011, p. 98.

142 MONTAÑO; DURIGUETTO, 2011, p. 98. **(grifos nossos)**

No que tange a segunda fase do movimento negro, que corresponde da Segunda República à ditadura militar (1945-1964), após anos de intensa e violenta repressão política – durante os anos de vigência do Estado Novo de 1937 a 1945 – e impedimento de qualquer movimento contestatório, o movimento negro, apesar de não ter o mesmo poder de aglutinação que no momento anterior, ressurge ampliando seu raio de ação. Isso se deu:

> Primeiro, porque a discriminação racial, à medida que se ampliavam os mercados e a competição, também se tornava mais problemática; segundo, porque os preconceitos e os estereótipos continuavam a perseguir os negros; terceiro, porque grande parte da população "de cor" continuava marginalizada em favelas, mucambos, alagados e na agricultura de subsistência.[143]

Entre as principais organizações dessa fase, destacamos a União dos Homens de Cor (UHC), fundada em 1943 em Porto Alegre e posteriormente se disseminando para vários outros Estados e estando presente em inúmeros municípios do interior. De acordo com Domingues, sua atuação era pautada na realização de debates na imprensa local, publicação de jornais de autoria própria, assistência jurídica e médica, alfabetização, voluntariado e participação em campanhas durante as eleições.[144] Porém, com o processo de instauração da ditadura militar em 1964, devido ao contexto político, a UHC se arrefeceu.

Nessa fase também podemos destacar a fundação em 1944, no Rio de Janeiro, do Teatro Experimental do Negro (TEN), liderado por Abdias do Nascimento, cuja proposta inicial era constituir um grupo de teatro composto apenas por atores/as negros/as. Ademais, o TEN defendia os direitos civis dos/as negros/as e pautava a criação de uma legislação antidiscriminatória no país. Contudo, também se arrefeceu no contexto ditatorial e foi praticamente extinto em 1968 quando seu principal líder partiu para o autoexílio nos Estados Unidos.[145]

Faz-se importante destacar, porém, que apesar da UHC e o TEN não serem os únicos grupos que construíam a luta antirracista nesse período, foram aqueles em que as ações mais adquiriram visibilidade, conforme abordado por Domingues.[146] Nessa nova etapa, a imprensa negra também ganhou novo impulso. Todavia, "[...] apesar do crescente acúmulo de experiência, o movimento negro ficou isolado po-

---

143 GUIMARÃES *apud* DOMINGUES, 2007, p. 108.
144 DOMINGUES, 2007.
145 DOMINGUES, 2007.
146 DOMINGUES, 2007.

liticamente naquele momento, não podendo contar efetivamente com apoio das forças políticas, seja da direita, seja da esquerda marxista."[147]

Não podemos perder de vista o contexto político e conjuntural de autocracia burguesa vigente no momento, o qual é permeado de repressão, abafamento político, torturas, violências, etc. Deste modo, se a população negra, historicamente, já é dizimada nesse país por todo processo decorrente do racismo estrutural, o qual se constitui enquanto uma arma ideológica de dominação,[148] numa conjuntura política eminentemente desfavorável como nesta, sem dúvidas essa população sofreria o peso da ditadura de forma mais intensa e cruel.

> O golpe militar de 1964 representou uma derrota, ainda que temporária, para a luta política dos negros. Ele desarticulou uma coalização de forças que palmilhava no enfraquecimento do "preconceito de cor" no país. Como consequência, o Movimento Negro organizado entrou em refluxo. Seus militantes eram estigmatizados e acusados pelos militares de criar um problema que supostamente não existia, o racismo no Brasil [...]. A discussão pública da questão racial foi praticamente banida.[149]

Por isso, ao analisar a trajetória da luta antirracista no Brasil, não podemos perder de vista os contextos sociopolíticos, pois eles são determinantes para as possibilidades de lutas contidas no movimento do real.

> Sem dúvida, dois períodos de autoritarismo político (1937-1945 e 1964-1985), com o cerceamento das liberdades civis tolheram em muito as possibilidades de crescimento e amadurecimento político das organizações do movimento negro brasileiro no século XX. Em especial, o debate entre diferentes formas de compreender e combater as desigualdades vividas pelas populações de origem africana, assim como a troca de experiências com povos africanos e da diáspora.[150]

Além da trama conjuntural, Domingues[151] e Cardoso[152] apontam também outros fatores que contribuíram para o isolamento e enfraquecimento político do movimento negro, como é o caso do não reconhe-

---

147 DOMINGUES, 2007, p. 110

148 Cf.: MOURA, CLÓVIS. O racismo como arma ideológica de dominação. Escola Nacional João Amazonas. Disponível em: http://www.escolapcdob.org.br/file.php/1/materiais/pagina_inicial/Biblioteca/70_O_racismo_como_arma_ideologica_de_dominacao_Clovis_Moura_.pdf. Acesso em: 26 maio 2020.

149 DOMINGUES, 2007, p. 111.

150 CARDOSO, 2012, p. 322.

151 DOMINGUES, 2007.

152 CARDOSO, 2012.

cimento da legitimidade da luta antirracista pela esquerda brasileira[153] naquele período histórico.

No que concerne a terceira fase do movimento negro, a qual circunscreve o período do início do processo de redemocratização à República Nova (1978-2000), esta tem como marco o início da reorganização política da luta antirracista no Brasil, no contexto de efervescência dos movimentos populares, sindical e estudantil.

Domingues sinaliza que, ainda que sob condições totalmente adversas no contexto bárbaro da ditadura militar, e apesar de fragmentadas e desconectadas de um sentido político de enfrentamento ao regime em questão, os/as negros/as realizaram algumas ações nesse período.[154] Contudo, é apenas com a fundação do Movimento Negro Unificado (MNU) em 1978 que se têm o marco do retorno do movimento negro à cena política do país.

> No contexto de rearticulação do movimento negro, aconteceu uma reunião em São Paulo, no dia 18 de junho de 1978, com diversos grupos e entidades negras (CECAN, Grupo Afro-Latino América, Câmara do Comércio Afro-Brasileiro, *Jornal Abertura, Jornal Capoeira* e Grupo de Atletas e Grupo de Artistas Negros). Nesta reunião, decidiu-se criar o Movimento Unificado Contra a Discriminação Racial (MUCDR), e a primeira atividade da nova organização foi um ato público em repúdio à discriminação racial sofrida por quatro jovens no Clube de Regatas Tietê e em protesto à morte de Robson Silveira da Luz, trabalhador e pai de família negro, torturado até a morte no 44º Distrito de Guainases. O ato público foi realizado no dia 7 de julho de 1978, nas escadarias do Teatro Municipal em São Paulo, reunindo cerca de 2 mil pessoas, e "considerado pelo MUCDR como o maior avanço político realizado pelo negro na luta contra o racismo".[155]

---

153 Vivenciamos grande dificuldade por parte de setores da esquerda brasileira, em relação ao reconhecimento e necessidade de algumas pautas antiopressões, como é o caso do debate étnico-racial, como se essas lutas estivessem descoladas da luta contra a exploração do capital. Ainda que tenhamos tido avanços, esse desafio permanece e evidencia o quanto alguns setores continuam fazendo um debate de classe meramente abstrato e, não obstante, contribuindo para a reprodução do racismo, na medida em que não enxergam que não é possível destruir a sociedade capitalista sem a destruição do racismo. Vale lembrar que "[…] **o trabalho não pode se emancipar na pele branca onde na pele negra ele é marcado a ferro.**" Cf.: MARX, 2017, p. 372. **(grifos nossos)**

154 DOMINGUES, 2007.

155 DOMINGUES, 2007, p. 113.

Essa rearticulação do movimento negro demarca um momento de grande significado para a luta antirracista brasileira, evidenciando o teor político fortemente presente, visto que a primeira atividade foi um ato público realizado nas escadarias do Teatro Municipal de São Paulo, em repúdio à discriminação racial sofrida por jovens que foram impedidos de entrar no Clube de Regatas Tietê e também em protesto ao caso ocorrido com um pai de família e trabalhador negro que foi torturado até a morte.

É importante explicitar que a radicalidade para construção desse processo, foi forjada a partir de referências externas e internas:

> No **plano externo**, o protesto negro contemporâneo se inspirou, de um lado, **na luta a favor dos direitos civis dos negros estadunidenses**, onde se projetaram lideranças como **Martin Luther King, Malcon X e organizações negras marxistas, como os Panteras Negras**, e, de outro, nos **movimentos de libertação dos países africanos**, sobretudo de língua portuguesa, como Guiné Bissau, Moçambique e Angola. **Tais influências externas contribuíram para o Movimento Negro Unificado ter assumido um discurso radicalizado contra a discriminação racial.** No **plano interno**, o embrião do Movimento Negro Unificado foi a **organização marxista, de orientação trotskista, Convergência Socialista**. Ela foi a escola de formação política e ideológica de várias lideranças importantes dessa nova fase do movimento negro. Havia, na Convergência Socialista, um **grupo de militantes negros que entendia que a luta anti-racista tinha que ser combinada com a luta revolucionária anticapitalista**. Na concepção desses militantes, o capitalismo era o sistema que alimentava e se beneficiava do racismo; assim, **só com a derrubada desse sistema e a conseqüente construção de uma sociedade igualitária era possível superar o racismo**.[156]

Portanto, essas referências foram fundamentais para a conformação do MNU no campo da luta classista, radicalizada e da esquerda marxista. Nesse ínterim, vale chamar atenção para a importância dessa perspectiva crítica e de totalidade para a luta antirracista, pois ela é imprescindível para o enfrentamento do racismo, visto que não é possível destruí-lo sem a derruição das bases que o sustentam. É desta forma que concordamos com Malcolm-X que "[...] não é possível haver capitalismo sem racismo."[157]

---

[156] DOMINGUES, 2007, p. 112. **(grifos nossos)**

[157] "O capitalismo costumava ser como uma águia, mas agora se parece mais com um urubu, sugando o sangue dos povos. Não é possível haver capitalismo sem racismo". Cf.: DA SILVA, João Bosco. "Malcolm X" e o racismo do capitalismo. Portal Geledés, 4 jul. 2014. Disponível em: https://www.geledes.org.br/malcolm-x-e-o-racismo-capitalismo/. Acesso em: 26 maio 2020.

Assim, compreendemos que a própria dinâmica da realidade concreta, as experiências cotidianas e também as referências internas e externas, levaram o movimento social avançar no contexto da luta política. Se em outros momentos históricos a luta antirracista não apresentava, hegemonicamente, uma vinculação com a luta de classes,[158] o movimento do real e as experiências de resistência negra contribuem com esse processo.

Desta forma, a reorganização do movimento negro através do MNU, cela um momento histórico de extrema importância e, a nosso ver, o principal marco para a luta antirracista, especialmente pela direção política e ideológica que assume e por dialogar também com as lutas mais gerais da classe trabalhadora.

> O MNU dava origem ao protesto negro, movimento de rua, mobilização, de agitação política, que marcara as organizações antirracistas brasileiras das décadas de 1970 a 1990. **Uma estratégia centrada na denúncia do racismo, na exigência do respeito à diferença cultural e racial, demonstrações de orgulho negro e defesa de suas origens africanas, e nas lutas antiescravistas.** Esse movimento dizia não às políticas de assimilação cultural e de branqueamento da população. O protesto também trouxe para a cena pública a **denúncia dos efeitos das desigualdades raciais no país e da necessidade de um ajuste de contas com o passado, no sentido de reparar quase quatrocentos anos de escravidão e um século de discriminação racial.** De certo modo, o Movimento Negro, composto por inúmeras e diversificadas organizações culturais, educacionais, não governamentais, sindicais, de lésbicas, gays e homossexuais, **constitui-se em uma força política capaz de dialogar com inúmeros setores sociais**, governamentais e parte da opinião pública, colocando na agenda de debates o problema do racismo e de medidas que levassem a sua correção.[159]

Nesse bojo, Domingues destaca que o surgimento do MNU significou um marco histórico, pois, dentre outros motivos, surgiu também com "[...] a proposta de unificar a luta de todos os grupos e organizações anti-racistas em escala nacional. O objetivo era fortalecer o poder político do movimento negro" para tanto, a principal estratégia do movimento era "[...] combinar a luta do negro com a de todos oprimidos da sociedade."[160] É nesse entorno

---

158 O que pode ser explicado pelo fato de que, por muito tempo, os/as negros/as não foram considerados/as enquanto parte da classe trabalhadora, ademais, como relatado anteriormente, a pauta antirracista foi negada até mesmo pela própria esquerda brasileira. Portanto, tinham que se auto-organizar a partir das possibilidades existentes naquele tempo histórico.

159 CARDOSO, 2012, p. 323. **(grifos nossos)**

160 DOMINGUES, 2007, p. 114-115.

que o MNU apresenta uma perspectiva ampliada, fortemente classista, de diálogo e interlocução com as lutas mais gerais dos/as trabalhadores/as e sem perder de vista suas reinvindicações particulares.

A esse despeito, destacamos algumas das reinvindicações contidas no Programa de Ação do movimento de 1982:

> No Programa de Ação, de 1982, o MNU defendia as seguintes reivindicações "mínimas": desmistificação da democracia racial brasileira; organização política da população negra; transformação do Movimento Negro em movimento de massas; formação de um amplo leque de alianças na luta contra o racismo e a exploração do trabalhador; organização para enfrentar a violência policial; organização nos sindicatos e partidos políticos; luta pela introdução da História da África e do Negro no Brasil nos currículos escolares, bem como a busca pelo apoio internacional contra o racismo no país.[161]

Além dessas reinvindicações políticas fundamentais à luta antirracista e anticapitalista no Brasil, o MNU ressignificou o termo "negro", até então concebido de forma pejorativa e este passou a ser utilizado como motivo de orgulho pelos/as militantes; modificou a comemoração da data do dia 13 de maio devido à abolição da escravatura, transformando essa data como Dia Nacional de Denúncia Contra o Racismo e estabelecendo a data do dia 20 de novembro para ser comemorada como o Dia Nacional da Consciência Negra, em homenagem ao líder Zumbi dos Palmares.

Outros marcos de importantes da luta antirracista e que precisam ser destacados são:

I. a realização da Marcha contra a farsa da abolição, realizada em 1988 na cidade do Rio de Janeiro, quando se completou 100 anos da abolição;

II. a "Marcha Zumbi dos Palmares: contra o racismo, pela cidadania e vida", realizada em 1995 no ato do tricentenário da morte de Zumbi, em Brasília, onde reuniu cerca de 30mil pessoas;

III. a Terceira Conferência Mundial Contra o Racismo, a Discriminação Racial, a Xenofobia e a Intolerância Correlata, ocorrida em Durban na África do Sul em 2001, em que houve participação de militantes brasileiros/as. Para Ribeiro "[...] esta conferência, bem como a presença articulada dos movimentos negros e poder público brasileiros, trouxe elementos significativos para a elaboração de políticas públicas."[162]

---

161 DOMINGUES, 2007, p. 114.

162 RIBEIRO, 2004, p. 158.

Essa fase do movimento negro também foi marcada pela intervenção no contexto educacional, cuja principal pauta era a inserção do ensino da história da África nos currículos escolares; pelo fortalecimento das religiões de matriz africana, especialmente o candomblé; e também pela construção de uma campanha política contra a mestiçagem, entendendo que esta era uma "armadilha ideológica".[163]

Acerca da quarta fase do movimento negro, a qual diz respeito aos anos de 2000 adiante, Domingues menciona que esse início do terceiro milênio se constitui enquanto uma nova fase – em aberto – para o movimento, especialmente com a entrada do movimento cultural *hip-hop*, o qual além de retratar a realidade da periferia, "[...] expressa a rebeldia da juventude afro-descendente, tendendo a modificar o perfil dos ativistas do movimento negro."[164]

Além do *hip-hop*, também destacamos o *rap* enquanto parte desses movimentos culturais de resistência e, ainda que, por vezes possam ser desprovidos de um programa político e ideológico mais amplo e contundente de enfrentamento ao racismo, acreditamos que podem ser um vetor fundamental para contribuir na denúncia racial e social desses setores mais marginalizados através do protagonismo majoritário da juventude negra.

Ressaltamos a importância dessa forma de resistência, não apenas por denunciar a realidade de exploração, opressão e violência vivenciada pelos/as negros/as, especialmente nas periferias, mas também por ser uma estratégia fundamental de alcance a alguns setores e podendo servir inclusive como forma de trabalho de base, no sentido da construção de uma consciência crítica em relação ao racismo. Destacamos, por exemplo, os Racionais MC's enquanto uma das principais referências do *rap* brasileiro, cujas músicas são uma potência de resistência e denúncia, para despertar na juventude negra a consciência revolucionária para a luta antirracista.

LUTA ANTIRRACISTA NA ATUAL QUADRA HISTÓRICA: TENSÕES, DESAFIOS E POSSIBILIDADES

É importante destacar que nessa quadra histórica, vivenciamos no âmbito da luta antirracista a disputa de tendências conflitantes e até mesmo antagônicas. Algumas delas, de viés meramente identitário, liberal, pós-moderno e também antimarxista, o que coloca sérios entraves para a compreensão macro dos determinantes estruturais do

---

163 DOMINGUES, 2007.

164 DOMINGUES, 2007, p. 119.

racismo, restringindo-se a apreensões imediatistas e simplificadas da realidade. Ou seja, perspectivas que colocam em risco a análise de totalidade da realidade social e que, não raras vezes, também contribuem com o próprio capitalismo ao invés de combatê-lo.

Acreditamos que seja preciso a compreensão dos fundamentos materiais, políticos e econômicos que engendram esta sociedade, pois sem a compreensão dessas bases que a sustentam, as lutas serão fragmentadas e restritas à imediaticidade, se afastando das possibilidades reais de superação deste modo de produção e da construção de uma sociedade comum a todos/as. Nesse aspecto, algumas dessas tendências:

> Prende-se a noções naturalistas e essencialistas da identidade negra, radicalizando-a a ponto de falar de uma hipercentralidade epistemológica, ontológica e política do negro, chegando ao limite da proposta de um idealizado Estado negro na África para todos os negros da diáspora. Exemplo perfeito dessa tendência é o pensador Carlos Moore: um "crítico" do racismo com fortes tendências essencialistas, naturalistas e identitárias, que flerta com o liberalismo sem dizer seu nome, odeia o marxismo e combate Marx como o maior racista de todos os tempos, mas é encantado por Barack Obama.[165]

Tais perspectivas, também colaboram para o processo de apagamento e/ou falseamento da história de luta de marxistas contra o racismo – o que acaba por contribuir com o processo de reprodução do capital.

> Quando não temos o apagamento da história de luta de marxistas africanos ou negros de outras partes do mundo, há um grotesco falseamento histórico com características de transformar a memória em uma mercadoria vendável no processo de valorização do valor. A maior vítima desse revisionismo histórico é, sem dúvida, o Partido dos Panteras Negras. Organização radical, revolucionária, profundamente conectada ao campo socialista no âmbito da solidariedade internacional e com diversas ligações com o marxismo, os Panteras foram transformados em uma expressão do empoderamento, representatividade liberal e em uma marca estética.[166]

Destarte, essas tendências presentes no interior do movimento negro na contemporaneidade, coloca sérios impedimentos para a luta antirracista na medida em que ela não pode ser feita, em sua radicalidade, dissociada da luta anticapitalista. Nesse aspecto, não permite capturar o fundamento do racismo na sociedade brasileira, cuja raiz é a própria sociedade capitalista.

---

165 MANOEL, 2019, p. 16.
166 MANOEL, 2019, p. 16.

Na contramão dessas perspectivas, reforçamos nossa compreensão de que o marxismo pode nos auxiliar substancialmente na apreensão da dinâmica da sociedade capitalista em sua totalidade, alcançando seu movimento e como ela se utiliza do racismo enquanto forma de dominação e intensificação da exploração. Por isso compreendemos que:

> [...] o encontro entre a história e a tradição ancestral de luta dos povos africanos com o materialismo histórico-dialético pode possibilitar que o negativo total do capitalismo mundial, o preto periférico explorado, consiga quebrar suas correntes.[167]

Sabemos das inúmeras controvérsias e tensões no interior do movimento negro em relação a tradição marxista, as quais advogam não ser possível aceitar as contribuições de Marx por ele ser europeu e, logo, racista e que sua construção teórica não possibilita apreender a realidade vivenciada pelos/as negros/as. Esses argumentos que são sustentados por algumas dessas tendências teóricas, além de falsear a história na medida em que desconsideram a luta de marxistas negros/as, também explicitam o fato de que não veem a luta contra o racismo articulada com a luta contra o capitalismo.

Sobre essa polêmica, Manoel sinaliza que "[...] é evidente que Marx e Engels são europeus e mesmo produzindo a contrapelo das tendências ideológicas dominantes de sua época, não escapam às determinações histórico-culturais e subjetivas de seu tempo."[168] Ele também pontua que Losurdo, ao realizar um balanço crítico da obra de Marx e Engels, evidencia momentos que eles acabam "deslizando" na ideologia burguesa – a qual se utiliza do racismo para garantir sua hegemonia.

Todavia, apresenta vários aspectos que comprovam a contribuição e atualidade do legado marxiano-engelsiano para pensar a luta antirracista, sinalizando que "[...] uma análise sistemática e de totalidade do pensamento de Marx e Engels, porém, mostrará que esses dois pensadores no decorrer de sua evolução conseguiram recusar completamente, considerando seu lugar histórico, essa filosofia da história burguesa."[169]

Tais elementos são importantes pra evidenciar que não se trata de uma defesa acrítica do marxismo, quase evangélica, como alguns setores marxistas o fazem. Ao contrário, trata-se de reconhecer os equívocos e fazer autocrítica mas, na mesma medida, também reconhecer que esse referencial teórico possibilita a apreensão da dinâmica da sociedade capita-

---

167 MANOEL, 2019, p. 16-17.

168 MANOEL, 2019, p. 30-31.

169 MANOEL, 2019, p. 24.

lista e a compreensão de que o racismo se constitui como uma engenagem utilizada por ela para garantir sua exploração/dominação.

Exatamente por isso, quando descartamos *a priori* o marxismo sem compreender sua importância pra instrumentalizar a luta de classes e o combate ao racismo, erramos tanto quanto os setores marxistas que negam as lutas antiopressões, como se fossem secundárias, meramente identitárias ou antagônicas à luta contra o capital.

Ainda que não seja possível desconectar a compreensão da dinâmica do capitalismo com a exploração dos corpos socialmente racializados, como já abordamos anteriormente, ressaltamos que Marx e Engels tinham como objeto de estudo desvelar o funcionamento da sociedade capitalista para construção da crítica à Economia Política, e não a questão étnico-racial.

Em que pese isso, Manoel sinaliza que levando-se em conta a totalidade do pensamento marxiano-engelsiano, é possível compreender posições importantes que evidenciam a articulação desse legado com a luta antirracista, dentre as quais destacamos: Marx e Engels terem feito recusa a paradigmas naturalistas e racialistas na construção da crítica da economia política e teoria social centralizada no conflito de classes; terem realizado a crítica ao colonialismo; e terem evidenciado como a realidade colonial expressa o capitalismo em seu estado máximo de barbárie. Assim, com base nesses elementos, concordamos que:

> [...] o marxismo, antes de qualquer "adaptação nacional" nos países dependentes, coloniais e semi-coloniais da África, Ásia ou América Latina e Caribe, já estava pronto para transformar-se numa indispensável arma na luta antirracista e anticolonial. Considerar o marxismo como essencialmente eurocêntrico é um erro [...].[170]

Nesse aspecto, partindo de uma compreensão histórica, entendemos que o marxismo traz contribuições fundamentais e necessárias para a luta antirracista, por nos apresentar uma crítica à Economia Política, possibilitando apreender a totalidade da dinâmica do modo de produção capitalista – e nesse entorno, cabe a nós construirmos as mediações necessárias para a apreensão das particularidades que envolvem a realidade dos/as negros/as no interior dessa dinâmica.

Compreendemos, assim, que nossa grande tarefa enquanto marxista-antirracista seja, a partir da contribuição do pensamento marxiano-engelsiano, compreender como o movimento desse modo de produção se manifesta na periferia do capitalismo, analisando essa totalidade

---

[170] MANOEL, 2019, p. 30.

com base em nossa realidade nacional, uma vez que "[...] o capitalismo é um universal que se realiza na particularidade de cada país/região."[171]

Portanto, a teoria não pode ser vista como um dogma e tampouco ser tratada como uma simples transposição mecânica ou uma adaptação da realidade estudada por Marx e Engels na Europa para nossa realidade brasileira. Mas, com base nessa construção, é necessário e possível criarmos as mediações para apreensão da dinâmica capitalista em nosso país e sua relação sistemática com o racismo.

Nesse ínterim, é preciso dizer que, se compreendemos as tendências antimarxistas no interior da luta antirracista enquanto um grande desafio, a negação ou dificuldade de grande parcela da esquerda marxista hoje no Brasil, no que diz respeito ao reconhecimento da necessidade e importância de algumas pautas como a luta contra o racismo, o machismo, a LGBTfobia, dentre outras, como se fossem pautas meramente identitárias e deslocada da luta de classes, é tão problemática quanto. Destarte, concordamos em absoluto que:

> [...] se o identitarismo é um problema para quaisquer pleitos emancipatórios, a recusa apriorística da identidade também o é. **Há uma esquerda "anti-identitária" que pode ser tão ou mais benéfica ao neoliberalismo como os mais convictos identitaristas.** O anti-identitarismo está no discurso de uma esquerda que se diz "tradicional", "raiz", e considera que a identidade e as questões a ela relacionadas são desviantes "do plano puramente econômico". Tratar de identidade só serve pra dividir a "classe trabalhadora", costumam afirmar. Uma classe trabalhadora coesa, indivisa e sem contradições só existe em abstrações mentais originadas de leituras quase evangélicas dos textos de Marx e Engels (cujos escritos partem da observação da classe trabalhadora real). Daí podemos ver que ser "anti" qualquer coisa é pautar-se, ainda que na chave da recusa, por aquilo que se quer negar. Em outros termos: **a esquerda "tradicional" e "classista" é igualmente identitarista e, portanto, antirrevolucionária. Sua marca é a incapacidade de se conectar com o cotidiano de sofrimento, humilhação e privação de trabalhadores e trabalhadoras que não estão na universidade, que não participam de rodas de conversa, que sequer sabem falar direito a língua de seus patrões.** Paradoxalmente, a identidade dessa esquerda não identitária é assumir uma identidade "de classe", uma classe totalmente apartada da realidade.[172]

Essas reflexões são imensamente necessárias e devem servir para uma constante autocrítica e vigília para quem se advoga marxista, visto que um debate supostamente "classista", apartado da compreensão de quem é essa classe e com o cotidiano de sofrimento, humilhação e privações

---

[171] MANOEL, 2019, p. 31.

[172] ALMEIDA, 2019, p. 15-16. (**grifos nossos**)

que vivenciam, não faz nenhum sentido. Torna-se uma mera abstração teórica, idealista, descolada do movimento do real, do concreto.

> **É uma espécie de marxismo sem história e sem dialética**, que trata categorias como classe, mercadoria e valor como absolutos autorreferenciais e **que, no fim das contas, nada tem a dizer sobre a realidade. Sua serventia é tão somente criar palavras de ordem e frases de efeito que irão estampar bandeiras e bótons em manifestações**. É desse marxismo exótico que nasce um tipo de "marxista" portador de uma subjetividade **que atua como um "grilo falante" (ou bobo da corte, como preferirem)** do sistema, ou como uma espécie de *ombudsman* do capitalismo; um crítico autorizado que jamais tem que lidar com as próprias contradições e que **tem como função aplicar um programa revolucionário imaginário e delirante, que pouco ou nada tem a ver com o marxismo**. [173]

Há setores marxistas que ainda precisam avançar bastante na compreensão acerca dessa indissociabilidade, pois só é possível pensar a supressão do capitalismo com o fim das opressões e vice-versa. Além disso, é preciso avançar no entendimento de que esses segmentos espoliados/oprimidos também devem ser protagonistas fundamentais na luta contra o capital. Concepções que sustentam essa fragmentação servem ao próprio capital, na medida em que também fragmentam a luta de classes.

Não raras vezes, nos deparamos com "marxistas" que se autodeclararam revolucionários/as, classistas, mas que na verdade contribuem com a reprodução de inúmeras opressões. Parte significativa deles/as, representam a imagem do "homem universal", isto é, homens brancos, heterossexuais, classe média/alta e parte de uma elite intelectual. Tais sujeitos não se associam a essa imagem apenas pelo fato de o serem, mas pelos posicionamentos que assumem.

Apesar de não ser o intuito aqui aprofundar essa reflexão, é importante ao menos sinalizarmos nossa compreensão acerca da necessidade de avançarmos na discussão *crítica* sobre os privilégios da branquitude[174] no contexto da luta antirracista, também no campo marxista. Primeiro,

---

173 ALMEIDA, 2019, p. 11. (grifos nossos)

174 Compreendemos aqui a *branquitude* enquanto uma construção social e não numa perspectiva individualista, isto é, enquanto uma estrutura socialmente estabelecida que coloca as pessoas brancas numa suposta condição de superioridade, que passa a ser naturalizada. Por isso que, para construir realmente a luta contra o racismo, é preciso que essas pessoas façam uma autocrítica sincera e renunciem esse lugar de pseudo-superioridade. Isso demanda romper com a "cegueira social" (Carreira, 2018) que essa condição de privilégio socialmente construída os/as colocam.

porque o problema do racismo não é um "problema do negro" e, segundo, porque na medida em que esses setores negam e até mesmo reduzem ou ridicularizam esses debates, além de contribuir com a reprodução dessas opressões, fica nítido não apenas a "cegueira social",[175] mas também a legitimação do pacto narcísico da branquitude[176] para manterem estáticas essas estruturas de poder que representam o privilégio branco, visto que um dos seus papéis é colocar todos/as que não são brancos/as no lugar de inferioridade, de menos importante.

Portanto, tais "marxistas ortodoxos" e travestidos/as de uma suposta radicalidade, que negam a necessidade e a interrelação entre a luta contra o capital e as opressões, além de contribuírem na fragmentação da luta, eles/as próprios/as contribuem com o fortalecimento de tendências meramente identitárias, pós-modernas, liberais e até mesmo antimarxistas. Contraditoriamente, também "dando munição ao inimigo", pois ratificam o falacioso discurso propalado de que "marxistas são racistas" e o fato de que infelizmente houveram e ainda há marxistas eurocêntricos e uma larga tradição (não autorizada) de eurocentrismo no marxismo.[177]

Nesse aspecto, esses setores marxistas precisam fazer uma profunda reflexão e autocrítica, ou continuaremos cada vez mais nos distanciando da possibilidade de construção de uma convergência anti-imperialista, anticapitalista, antirracista, antimachista, antilgbtfóbica, etc. Ademais, essa postura entra em conflito com a essência do próprio método marxiano, pois nessa análise fica prejudicada a apreensão de totalidade da realidade social. Concordamos, portanto, com Almeida de que a "armadilha identitária" serve tanto a direita, quanto a essa esquerda antirrevolucionária.[178]

No que se refere a luta antirracista, Florestan Fernandes alude que "[...] não basta ser socialista para entender o que sucedeu com o negro e o que deve se fazer para alterar a situação racial que persiste até hoje."[179] É preciso mais que isso, é necessário compreender que raça e classe estão umbilicalmente interligadas, sobretudo em nossa realidade brasileira com suas profundas particularidades. Nesse aspecto, essas duas categorias não podem se dissociar na arena da luta política.

---

[175] CARREIRA, 2018.

[176] Ver mais em: BENTO, 2002.

[177] MANOEL, 2019.

[178] ALMEIDA, 2019.

[179] FERNANDES, 2017, p. 83.

> [...] existem trabalhadores que possuem exigências diferenciais, e é imperativo que encontrem espaço dentro das reinvindicações de classe e das lutas de classes [...] **em uma sociedade multirracial,** na qual a morfologia da sociedade de classes ainda não fundiu todas as diferenças existentes entre trabalhadores, **a raça também é um fator revolucionário específico. Por isso, existem duas polaridades, que não se contrapõem mas se interpenetram como elementos explosivos – a classe e a raça** [...] A fórmula "proletários de todo o mundo, uni-vos" não exclui ninguém, nem em termos de nacionalidades nem em termos de etnias ou de raças.[180]

Nessa direção analítica, da qual comungamos, Florestan traz questões importantes para pensarmos essas "exigências diferenciais", mas que isso de maneira alguma significa uma desassociação da concepção de raça e classe, pelo contrário, devem se expressar como uma unidade, uma síntese no diverso. Em suas palavras:

> Se além da classe existem elementos diferenciais revolucionários, que são essenciais para a negação e a transformação da ordem vigente, há distintas radicalidades que precisam ser compreendidas (e utilizadas na prática revolucionária) como uma unidade, uma síntese no diverso. Um exemplo pode ilustrar o raciocínio. Os operários podem interromper um movimento porque conquistaram o aumento de salário, a introdução de comissões no local de trabalho, a readmissão de colegas demitidos, liberdade de greve e de organização sindical etc. **Não obstante, os trabalhadores negros poderão ter reinvindicações adicionais:** eliminação de barreiras raciais na seleção e promoção dentro da fábrica, convivência igualitária com os colegas, supressão da condição de bode expiatório na repressão dentro da fábrica e fora dela, acesso livre às oportunidades educacionais para os filhos etc. **A moral da história é que, embora o trabalho seja uma mercadoria, onde há uma composição multirracial nem sempre os trabalhos iguais são mercadorias iguais... Nas lutas dentro da ordem, a solidariedade de classe não pode deixar frestas.**[181]

Podemos, portanto, ponderar dois aspectos importantes: o primeiro é que apenas uma luta de classes abstrata, sem considerar que classe é essa e quais as suas especificidades e as reais demandas não faz nenhum sentido, pois não dialoga com o cotidiano de vida dos/as negros/as. E o segundo, é que o imperativo de se compreender as particularidades das pautas e demandas da população negra, não deve supor um distanciamento das lutas mais gerais da classe trabalhadora.

Com base nas tensões e polêmicas brevemente apresentadas e considerando que toda luta política é permeada de contradições, disputas, avanços e retrocessos e os sujeitos não formam uma camada homogênea, é

---

180 FERNANDES, 2017, p. 84-85. **(grifos nossos)**
181 FERNANDES, 2017, p. 85-86. **(grifos nossos)**

fundamental que nesse contexto seja fortalecida a perspectiva classista, anticapitalista e revolucionária da luta antirracista.

É preciso muita coerência, fundamentação teórico-metodológica e radicalidade política para apreender as contradições postas pelo capital e construir a luta antirracista numa perspectiva classista para não sermos atraídos/as por discursos sedutores e efêmeros. E, ao mesmo tempo, também nos somarmos com as lutas imediatas dessa população que é a mais massacrada nessa sociedade. Em síntese,

> O problema da identidade é um problema político urgente, ligado à lógica de reprodução social do capitalismo. Por isso, deve ser tratado de modo crítico, a fim de que possamos lidar com uma "realidade contraditória". **Essa realidade contraditória nos leva a pensar que, sim, a representatividade é importante para pessoas negras; ter o direito subjetivo de exigir o reconhecimento estatal de nossa identidade é muito relevante; ter garantido o direito de estudar, de trabalhar, de não ser morto pela polícia por ser um "suspeito padrão" é algo pelo que devemos lutar.** E são coisas possíveis porque muitos de nossos ancestrais tiveram seu sangue derramado. **Mas, ao mesmo tempo, é necessário assumir que identidades, inclusive a raça, são socialmente construídas [...]. Em um sentido revolucionário, a afirmação da raça é feita apenas para que um dia seja possível superá-la.** [182]

Por fim, nossa compreensão é de que a derrota do racismo não pode se dar descolada da derrota do capital e vice-versa, pois não se trata de lutas opostas ou de dois tempos: são lutas que possuem um horizonte estratégico convergente – que é o da emancipação humana e de uma sociedade desracializada, ou seja, em que a raça não seja um marcador social de exclusão e violência. Mas no campo imediato, o enfrentamento ao racismo exige de nós a apreensão de particularidades e a construção mediações específicas, que não podem ser tratadas como secundárias ou de menor importância no âmbito da luta mais geral contra o capital.

É fundamental compreendermos as bases fundantes de sustentação do racismo, contudo, tão importante quanto isso é a apreensão das particularidades que envolvem a raça, o cotidiano de exploração/dominação/opressão que vivenciam os sujeitos racializados/as, pois um debate que trata a classe trabalhadora como uma mera abstração, não alcança a realidade vivenciada por essas pessoas.

---

182 ALMEIDA, 2019, p. 19. (grifos nossos)

Portanto, acreditamos que seja a compreensão de que não é possível defender um mundo verdadeiramente livre para os povos negros nos marcos do capitalismo, articulada à construção de lutas concretas e imediatas contra o racismo – mas sem perder de vista a necessidade da construção de um poder popular que vise não à manutenção e aprimoramento da sociedade de classes, mas o seu fim – que nos possibilitará avançar numa coerência ético-política que julgamos necessária.

Como explicitado ao longo do texto, a trajetória da luta antirracista vem sendo construída historicamente por muitos/as atores e atrizes, e permeada de saltos e recuos de acordo com cada conjuntura histórica. Entendemos que para avançarmos na direção que almejamos, é preciso construir unidades estratégias para retomar hegemonicamente a tendência classista tão presente no movimento negro, sobretudo, em sua terceira fase, conforme sinalizado por Domingues.[183]

Só retomando e fortalecendo essa ousadia revolucionária, que faz parte de nossa própria ancestralidade, conseguiremos destruir o racismo e essa ordem societária de selvageria. Para tanto, estamos convictos/as de que apenas a perspectiva de que não há dissociação entre a luta antirracista e a luta anticapitalista é que pode contribuir para a construção de "[...] um mundo onde sejamos socialmente iguais, humanamente diferentes e totalmente livres."[184]

---

[183] DOMINGUES, 2007.

[184] R., Laura. Rosa Luxemburgo: "Por um mundo onde sejamos socialmente iguais, humanamente diferentes e totalmente livres". Liga Internacional dos Trabalhadores Quarta Internacional, 17 fev. 2019. Disponível em: https://litci.org/pt/opressao/mulheres/rosa-luxemburgo-por-um-mundo-onde-sejamos-socialmente-iguais-humanamente-diferentes-e-totalmente-livres/. Acesso em: 23 jun. 2020.

SERVIÇO SOCIAL E ANTIRRACISMO

> *Eu hoje estou triste. Estou nervosa. Não sei se choro ou saio correndo sem parar até cair inconciente. É que hoje amanheceu chovendo. E eu não saí pra arranjar dinheiro [...] Em junho de 1957 eu fiquei doente e percorri as sedes do Serviço Social. Foi lá que eu vi as lágrimas deslisar dos olhos dos pobres [...] A única coisa que eles querem saber são os nomes e os endereços dos pobres [...] Falei com a Dona Maria Aparecida que ouviu-me e respondeu-me tantas coisas e não disse nada...*
>
> **Carolina Maria de Jesus,** *Quarto de despejo: diário de uma favelada*

DIRETRIZES CURRICULARES DA ABEPSS, FORMAÇÃO PROFISSIONAL E O DEBATE ÉTNICO-RACIAL

Considerando a discussão realizada até o momento, esperamos ter ficado nítido que o racismo é um elemento estrutural e fundante da nossa sociedade, que conforma as relações sociais e possui intrínseca relação com a "questão social" brasileira. Partindo desse pressuposto e considerando as reflexões já desenvolvidas, coloca-se para nós a necessidade de refletir alguns dos dilemas e desafios postos para o debate étnico-racial no âmbito da formação e trabalho profissional na contemporaneidade.

Essa necessidade se expressa na medida em que não é hegemônico o entendimento no interior da profissão, acerca de que a questão étnico-racial deve não apenas estar presente, mas ser estruturante da formação profissional. Nessa direção, concordamos com Rocha:

> Se a realidade sobre a qual o assistente social se debruça é complexa e multifacetada, tornando-se quase sempre um desafio a ser enfrentado cotidianamente, o que fazer quando essa realidade apresenta questões para intervenção que são desconhecidas? Diante da discriminação racial, como agir? Embora a discriminação racial seja histórica no Brasil, e o Serviço Social a considere um fenômeno a ser combatido, essa discussão não tem tido muita relevância junto à categoria profissional, bem como no processo de formação.[185]

---

[185] ROCHA, 2009, p. 542.

Exatamente por isso, e com base em toda reflexão desenvolvida até aqui, compreendemos que o debate étnico-racial deve se estabelecer enquanto viés analítico na formação em Serviço Social. Nesse aspecto, deve transversalizar todas as disciplinas, tendo conteúdos precisamente definidos para que não corram o risco de serem diluídos.

Sob uma perspectiva de totalidade, coerente com a essência das Diretrizes Curriculares (DCs) elaboradas pela ABEPSS em 1996, a questão étnico-racial deve ser trabalhada enquanto eixo estruturante e não como algo simplesmente temático, de forma fragmentada ou, ainda pior, na condição de disciplina optativa, como muitas vezes ocorre em algumas universidades.

Contudo, sabemos dos colossais desafios em abordar esse debate de forma transversal como seria o necessário, e isso faz com que em diversos cursos – quando o debate ocorre – sejam estabelecidas disciplinas específicas, ficando a discussão restrita apenas a esses momentos. Nessa direção, se faz oportuno sinalizar a compreensão das entrevistadas acerca do debate étnico-racial na formação em Serviço Social, mais especificamente sobre a posição em haver ou não disciplinas específicas.

A representante da ABEPSS compreende que, pelo fato de estarmos muito atrasados em relação a essa discussão no interior da profissão, a possibilidade de disciplinas específicas se coloca enquanto uma estratégia necessária e possível para um início/abertura de diálogo na formação profissional, e que nesse movimento é possível ir se construindo um adensamento e maturação coletiva acerca da importância de o debate ser transversalizado.

> Eu acho que uma coisa não exclui a outra, eu acho que os dois movimentos são necessários. Primeiro, garantir uma específica [...] é garantir espaço para esse debate na formação – que não seja optativa de preferência. E ao mesmo tempo – e aí nesse caso os subsídios podem ajudar nisso – *é como que a gente realmente traz esse debate desde o núcleo de fundamentos da vida social até as disciplinas finalistas,* que aí entra mais no eixo do trabalhado profissional. [...] Então eu acho que é isso, **as estratégias de ter as disciplinas, talvez seja uma possibilidade de início do diálogo e de um adensamento que é necessário.** Como eu falei, a gente está atrasado, a gente está tendo que trocar a roda com carro em movimento em alta velocidade.[186]

A representante do GTP concorda que é importante a transversalidade do debate, tal como é importante a manutenção da especificidade considerando que, no bojo da transversalidade, corre-se o risco de o conteúdo dissipar-se. Dessa forma, ela sinaliza que:

---

186 Entrevista com a ABEPSS. **(grifos nossos)**

> [...] tem que ter a disciplina específica sim, eu acho que tem que ter, como vai ter economia... [...] eu acho que a discussão [deve ocorrer articulada com o debate] sobre economia, formação socio histórica, toda disciplina de estágio, a ética, a discussão do trabalho... ninguém discute embranquecimento do trabalho né? [...] **tem que transversalizar em todos os núcleos: da vida social, socio histórico e do trabalho, mas dentro das disciplinas deve-se privilegiar esse debate, sobretudo nas disciplinas interventivas,** que vão fazer toda discussão ligada ao arcabouço teórico metodológico, ético político, e técnico-operativo [...] **eu acho que tem que transversalizar, mas também tem que manter.** Isso dá uma virada aí, e arranca da transversalidade todo conteúdo e a gente fica sem nada, entende?[187]

Nesse sentido, a participante apresenta questões fundamentais para a compreensão do debate étnico-racial na formação, sinalizando os riscos postos apenas ao debate transversalizado, se não for construída a mediação necessária para consolidação dessa discussão durante todo o processo de formação. Coloca-nos a necessidade do debate em todas as disciplinas, tal como Formação Sócio-Histórica, Ética, Estágio Supervisionado, sinalizando que essa discussão deve perpassar todos os núcleos de fundamentos da formação profissional,[188] privilegiando as disciplinas interventivas.

Essa concepção de formação profissional antirracista defendida pela entrevistada, sem dúvidas, contribui para que o arsenal teórico-metodológico, ético-político e técnico-operativo se qualifique para o combate ao racismo, sendo essa uma tarefa imprescindível para os/as assistentes sociais brasileiros/as uma vez que "[...] a ignorância sobre as reais condições de vida da população negra acaba por contribuir com a manutenção das desigualdades e discriminações raciais."[189]

A representante da ENESSO, na sintonia do que foi colocado pela representante da ABEPSS e do GTP, reforça a compreensão da necessidade premente desse debate ser fundante da formação profissional, dizendo que a questão étnico-racial:

> [...] ela tem se dado de forma mais incipiente na profissão. A gente consegue perceber o tanto que outros eixos, ou melhor, outros temas são melhores trabalhados, do que a questão étnico-racial por si só. Eu acho que é um grande problema, porque a gente coloca que – quando pelo menos numa direção crítica da profissão – a gente então analisa e enxerga a sociedade de

---

187 Entrevista com o GTP. (grifos nossos)

188 As diretrizes apresentam 3 núcleos constitutivos da formação profissional, a saber: Núcleo de fundamentos teórico-metodológicos da vida social; Núcleo de fundamentos da particularidade da formação sócio histórica da sociedade brasileira e Núcleo de fundamentos do trabalho profissional.

189 ROCHA, 2009, p. 556.

>uma forma articulada, principalmente da particularidade da formação sócio histórica brasileira, levando a questão étnico-racial, levando a questão de classe, levando a questão de gênero também... Acho que tem muito a se avançar.... precisa ser fomentado de forma transversal nas diretrizes.[190]

Destarte, compreendemos ser necessário sinalizar alguns dos principais elementos que demarcam a essência e a direção sociopolítica do projeto de formação profissional elaborado pela ABEPSS em 1996. Como ponto de partida, é fundamental destacar que esse documento que norteia a formação em Serviço Social no Brasil, o qual é radicalmente defendido pelas entidades da categoria profissional, é fruto de um processo histórico e coletivo: sintetiza os principais debates realizados por todo país, uma vez que entre 1994 e 1996 foram realizadas cerca de 200 oficinas locais nas 67 Unidades Acadêmicas filiadas à ABEPSS – naquele momento ainda ABESS[191] –, 25 oficinas regionais e 2 nacionais.[192]

Esse documento expressa a construção histórica e a vontade coletiva da profissão, não se tratando, portanto, de algo verticalizado, que foi dado de cima para baixo.[193] As DCs da ABEPSS se constituem como um marco histórico do Serviço Social Brasileiro, no que concerne à proposta de formação profissional, em consonância com a direção emancipatória inscrita no Projeto Ético-Político profissional.

---

190 Entrevista com a ENESSO. (**grifos nossos**)

191 A ABEPSS antes de ser assim nomeada, chamava-se ABESS/CEDEPSS (Associação Brasileira de Ensino em Serviço Social e Centro de Documentação e Pesquisa em Políticas Sociais e Serviço Social). A mudança ocorreu em 1996 e não se tratou apenas de uma questão de nomenclatura: buscava-se superar antigos entraves financeiros e administrativos. A mudança de ABESS para ABEPSS, com a extinção da CEDEPSS, ocorreu para acabar com a polarização entre graduação e pós-graduação e também entre ensino e pesquisa. A superação dessa polarização se dá a partir da articulação entre graduação e pós-graduação numa só entidade: a Associação Brasileira de ENSINO e PESQUISA em Serviço Social – ABEPSS. ASSOCIAÇÃO BRASILEIRA DE ENSINO E PESQUISA EM SERVIÇO SOCIAL (ABEPSS). História. Disponível em: http://www.abepss.org.br/historia-7. Acesso em: 26 maio 2020.

192 ABEPSS, 1996.

193 Setores conservadores no interior da profissão alegam que a perspectiva marxista é "imposta" na formação profissional, não abrindo possibilidades para outras vertentes teóricas. Tais posicionamentos, além de equivocados, desconsideram o processo histórico e coletivo da construção da direção social da profissão e da formação. É importante destacar que o pluralismo está presente no interior da categoria sendo, inclusive, um princípio do Código de Ética (1993). Porém, é fundamental sinalizar que o pluralismo "[...] supõe também o respeito às hegemonias legitimamente conquistadas." Cf.: NETTO, 1999, p. 6.

> O Projeto de Formação construído no Serviço Social brasileiro tem como marco os desdobramentos do Movimento de Reconceituação e posterior Movimento de Ruptura, quando a profissão passa a construir as bases para a atual perspectiva que articula o debate da Formação aliada ao Exercício Profissional orientado pelo denominado, Projeto Ético-político do Serviço Social. [194]

Portanto, as diretrizes curriculares se configuram como paradigma de valores éticos e políticos para a formação profissional em Serviço Social, haja vista que "[...] expressa uma concepção de ensino e aprendizagem calcada na dinâmica da vida social, o que estabelece os parâmetros para inserção profissional na realidade sócio-institucional."[195]

Importante destacar que anterior às DCs da ABEPSS de 1996, tínhamos enquanto proposta para a formação de assistentes sociais no Brasil, o Currículo Mínimo de 1982. Esse currículo, apesar de conter equívocos teóricos e aspectos ainda muito sutis da proposta de formação apresentada nas DCs, hoje hegemônica, já representava um avanço inconteste no interior da profissão, na direção de ruptura com o conservadorismo,[196] na medida em que tal documento rompe com o Serviço Social tradicional e aponta para a teoria marxista enquanto balizadora para formação profissional.

Obviamente que é a década de 1990 – sobretudo com a construção das DCs da ABEPSS em 1996; com o Código de Ética profissional em 1993 e com a lei de regulamentação da profissão n. 8662, também em 1993 – que expressa a maturidade teórica, ético-política e organizativa do Serviço Social Brasileiro. Contudo, não podemos desconsiderar que todo esse processo é caudatário dos movimentos engendrados anteriormente no interior da profissão, a destacar o movimento de renovação profissional, cujo marco público e emblemático da ruptura com o conservadorismo é o Congresso da Virada em 1979,[197] onde a categoria rompe publicamente com o monopólio conservador e assume "qual seu lado" na luta de classes.

---

194 ABEPSS, 2012, n.p.

195 ABEPSS, 1996, p. 8.

196 NETTO, 2010.

197 O III Congresso Brasileiro de Assistentes Sociais (CBAS) que ocorreu em 1979 ficou conhecido como Congresso da Virada, pois nesse momento a profissão anuncia publicamente seu compromisso com a classe trabalhadora. Portanto, concordamos com Netto (2009, p. 671) quando se refere a este congresso como "[...] um episódio de significação histórica para o Serviço Social no Brasil. Depois dele – e não por acaso – o Serviço Social, neste país, nunca mais foi o mesmo." Ver mais em: NETTO, José Paulo, 2009.

Por isso, faz-se mister compreender a relevância política do III CBAS na construção do significado social da profissão no Brasil pois, para além de demarcar um posicionamento ético e político da categoria profissional – alinhado aos anseios da classe trabalhadora e se reconhecendo como tal – as implicações deste congresso transcendem o âmbito estritamente político e são elementos que contribuem para a construção de uma nova proposta de formação profissional a partir da década seguinte. Sobre todo esse processo, concordamos com Abramides que:

> A década de 1980 afirmou a direção social da profissão, com a luta política e sindical, pelo reconhecimento dos profissionais como trabalhadores, em sua condição de assalariamento, e no compromisso com os direitos e conquistas da classe trabalhadora, inscritos no Currículo de 1982 e no Código de Ética de 1986. A década de 1990 conferiu maturidade teórica ao PEP, que no legado marxiano e na tradição marxista contém suas referências teórico-metodológica e ético-política hegemônicas; enfeixa um conjunto de leis e de regulamentações que dão a sustentabilidade institucional: o Novo Código de Ética Profissional de 1993; a nova Lei de Regulamentação da Profissão de 1993; as Diretrizes Curriculares dos cursos de Serviço Social, de 1996; as legislações sociais que se referenciam o exercício profissional e vinculam-se à garantia de direitos [...].[198]

Portanto, a década de 1980 cumpre um papel fundamental na "virada" da história do Serviço Social Brasileiro, afirmando uma direção social da profissão radicalmente antagônica a da sua gênese, e colocando a categoria na mesma trincheira das lutas da classe trabalhadora. Contudo, é a partir da década de 1990 que o Serviço Social cela essa maturidade e direção sociopolítica, dando concretude a esse projeto de profissão a partir da elaboração dos instrumentos normativos e jurídico-políticos – como elementos fundamentais que norteiam a formação e o trabalho profissional e, não obstante, contribuem para a construção e organização política da categoria, na defesa de um projeto de formação que é atrelado a um projeto de profissão e também a um projeto societário.

Esse histórico aguerrido de luta no interior da profissão, no sentido de contraposição de uma formação profissional conservadora e construção de uma formação direcionada à compreensão da dinâmica da vida social, do movimento da realidade e de atendimento às necessidades e interesses da classe trabalhadora, culminou nessas Diretrizes Curriculares elaboradas pela ABEPSS em 1996, com apoio de toda categoria profissional do país. Assim,

---

198 ABRAMIDES, 2019, p. 23-24.

Foi neste contexto que os assistentes sociais iniciaram a construção de um projeto profissional coletivo, com base em uma consciência política acerca do papel que desempenhavam nos processos sociais, dando subsídios para a reformulação da formação profissional, partindo do entendimento de que esta deve instrumentalizar o assistente social para uma prática efetiva e comprometida com os interesses da classe trabalhadora.[199]

Nesse aspecto, compreendemos tratar-se de um projeto de formação profissional para a vida social e não uma mera proposta de formação técnica para o mercado, uma vez que essa nova proposta de formação se baseia na compreensão da realidade social numa perspectiva de totalidade, entendendo que as contradições e os determinantes postos no movimento do real, são inerentes ao modo de produção do capital – contrapondo radicalmente a concepção de formação e trabalho profissional na gênese da profissão, onde os "problemas sociais" eram naturalizados, tratados como objeto de ação moralizadora, de forma totalmente acrítica.

Por isso, compreendemos que é com base nessa nova direção social posta para a formação profissional, que o/a assistente social terá condições de se inserir na realidade socioinstitucional e atuar em consonância com a direção hegemônica da profissão, ou seja, atendendo aos interesses da classe trabalhadora e tendo como horizonte estratégico a transformação radical dessa ordem societária.

Sobre todo esse processo de renovação profissional operado no interior da profissão, a necessidade de reformulação do Currículo Mínimo de 1982 e a construção de um projeto profissional e de formação compromissado com valores classistas e emancipatórios, Netto sintetiza da seguinte forma:

> Em poucas palavras, entrou na agenda do Serviço Social a questão de redimensionar o ensino com vistas à formação de um profissional capaz de responder, com eficácia e competência, às demandas tradicionais e às demandas emergentes na sociedade brasileira – em suma, a construção de um novo perfil profissional.[200]

Esse novo perfil almejado para os/as assistentes sociais brasileiros/as, requer profissionais com capacidade teórico-metodológica, ético-política e técnico-operativa para, numa perspectiva de totalidade, decifrar a realidade social, captar os fenômenos que se apresentam no imediato da vida e construir mediações para perseguir sua essência, compreendendo a dinâmica do capitalismo no Brasil e suas expressões. Nesse sentido:

---

199 ABEPSS, 2012, n.p.
200 NETTO, 1999, p. 13.

> A perspectiva crítica que sustenta a formação profissional de assistentes sociais brasileiros(as) considera que são as contradições da realidade que põem e repõem os elementos que historicamente compõem perfis profissionais, requisitando assistentes sociais que sejam contemporâneos(as) do seu tempo, para o que se faz necessária uma formação que seja capaz de responder aos dilemas da atualidade. Nessa perspectiva, a formação tem que ser situada nas entranhas das reais e concretas contradições que marcam a conjuntura atual, as quais cada vez mais são escamoteadas pela ideologia dominante e deslocadas do centro para periferia.[201]

Compreendendo que essa proposta de formação tem como expectativa a construção de um perfil profissional crítico, atento à realidade e às demandas presentes em cada conjuntura social, chamamos atenção para o racismo e sua relação com a "questão social" no Brasil. Ora, se é necessário estar atento/a aos acontecimentos da realidade; se o racismo é estruturante da "questão social" brasileira e se esta é a razão de ser do Serviço Social, entendemos que o estudo e apreensão das particularidades que perpassam a questão étnico-racial é pressuposto para concretização desse projeto de formação profissional que defendemos hegemonicamente. Até porque, esse debate:

> [...] *é uma questão que é estruturante da sociedade* capitalista [...] Então se a profissão tem como desafio interpretar e fazer uma análise da realidade social, do modo de produção e reprodução da vida social, é claro que aí a questão étnico racial não deve nunca ser uma questão **secundarizada**, embora já tenha sido por muito tempo. **Então, pensar para mim hoje a questão étnico racial na profissão, nos remete a própria necessidade de passar a história a limpo**, de revisar e ao mesmo tempo trazer um aprofundamento que é inerente aquilo que a gente tanto reivindica que é a dimensão do método. **Se a gente está falando de totalidade e do método, nós estamos falando também de uma totalidade que se expressa numa sociedade que se pauta na questão do racismo para organizar e estruturar o próprio capitalismo**.[202]

Quando esse debate não acontece, além de contribuirmos com a manutenção da ideologia dominante-racista na sociedade brasileira, corremos um grande risco de reproduzir uma formação acrítica, a-histórica e apartada das reais necessidades de vida da população usuária que, em sua grande maioria, é negra. Nessa direção, a representante da ABEPSS nos coloca indagações e provocações necessárias para refletirmos acerca de como tem se dado o processo de formação em Serviço Social:

---

201 GUERRA, 2018, p. 25.

202 Entrevista com a ABEPSS. **(grifos nossos)**

[...] qual é o espelho para análise da dimensão do trabalho numa formação que não leva em consideração muitas vezes a particularidade socio histórica brasileira? [...] O caminho que eu estou tentando fazer é justamente mostrar como que **essas lacunas começam na fragmentação e da falta de compreensão da própria lógica curricular das diretrizes da ABEPSS. A meu ver, começa lá na dimensão do núcleo da vida social.** Quais são as categorias centrais – que é trabalho e questão social a meu ver – que estruturam essa conformação da realidade social hoje? Por quê? Porque fazendo esse exame e do ponto de vista do pensamento marxista, eu vou chegar à dimensão da classe e aí é na sua questão que você fala, quem é classe? **Como se organiza essa classe? Como ela está estruturada, como ela vive?** Essa é a primeira aproximação desse real, que tem de algo profundo com o nosso processo particular da formação social no Brasil. E aí, isso tem a ver com toda uma forma de processar o próprio conhecimento e de apropriação da ciência, que a culpa não é do Marx, ao contrário. A nossa dimensão da historicidade ela é uma dimensão frágil, porque ela não examina a história na sua radicalidade. **A própria história da profissão é negligenciada.** Então assim, nós vamos deixando as lacunas nos fundamentos. Essas lacunas nos fundamentos fazem com que a gente tenha viés que confundem, é assim com política social [...] **os três núcleos eles dialogam entre si, eles são uma unidade dialética, com particularidades e especificidades do conhecimento em cada um deles.** Eu falei do da vida social, falei da lacuna, do início da formação e aí para mim **a questão que eu acho que talvez seja o maior nó, é quando chega ao núcleo do trabalho profissional.** Por que isso? **Porque na medida em que a gente não vai conseguindo construir essa chave analítica, há uma tendência muito forte de separação entre a teoria e a** prática e a separação desse indivíduo social.[203]

Portanto, essa fala nos convoca a uma reflexão e autocrítica, extremamente necessárias e urgentes, sobre como está se dando o processo de formação profissional em Serviço Social. Se defendemos uma formação numa perspectiva de totalidade, que propicie a construção de um perfil profissional crítico, antenado à dinâmica da realidade social, com vistas a construir um trabalho profissional coerente com as demandas emergentes da população mais pauperizada, a participante da ABEPSS nos coloca questões importantíssimas para refletir sobre esse processo.

Advogamos trabalhar em defesa intransigente dos interesses da classe trabalhadora, como é expressamente declarado em nosso Código de Ética (1993). Todavia, como ser coerente com a direção social hegemônica da profissão e atuar em defesa dessa classe – que em sua maioria no Brasil é negra – sem nos debruçarmos a estudar a questão étnico-ra-

---

[203] Entrevista com a ABEPSS. **(grifos nossos)**

cial e suas especificidades na formação social brasileira? Como manter essa coerência e compromisso ético-político sem a compreensão de que esse debate, tal como explicitado pela entrevistada, deve perpassar todos os núcleos de fundamentos da formação profissional?

Outra questão apresentada, extremamente necessária de ser destacada, é o fato de que essas lacunas no processo de formação ocasionam numa dificuldade para a construção dessa chave analítica no processo formativo, prejudicando a articulação de todos esses conteúdos e o debate étnico-racial nos núcleos de fundamentação. Essa fragilidade acarreta numa tendência forte de dicotomização entre teoria e prática, na medida em que não se consegue visualizar esses componentes na realidade social e compreender seus fundamentos.

Isso entra em contradição com a própria essência do projeto de formação profissional contido nas Diretrizes da ABEPSS, visto que:

> [...] na perspectiva do materialismo dialético, *na prática a teoria só pode ser a mesma,* uma vez que ela é o lugar onde o pensamento se põe. A teoria quer, justamente, conhecer a realidade, extrair as legalidades, as racionalidades, as conexões internas postas nos produtos da ação prática dos homens, assim, não há como na *prática a teoria ser outra.*[204]

Assim, se concordamos de que não há dicotomização entre teoria e prática, precisamos refletir e realizar autocrítica fraterna e honesta sobre essas lacunas presentes na formação profissional, no que tange a discussão étnico-racial.

Sobre essa contradição posta entre o discurso e ação, a fala da representante da ENESSO corrobora com as preocupações apresentadas pela a da ABEPSS, evidenciando que essa não compreensão da questão étnico-racial no processo de formação, com a devida importância e necessidade que ela demanda, traz sérios prejuízos para a formação, bem como para a militância política no interior do Movimento Estudantil de Serviço Social (MESS).

> [...] **como tem se dado a nossa formação profissional, principalmente se a gente sai da universidade sem compreender, sem levar em consideração os aspectos do gênero, da questão étnico-racial e acha que está tudo bem?** Só porque o serviço social defende isso, eu sou um sujeito pronto? Não, muito pelo contrário! Nós ainda somos sujeitos dessa sociedade. [...] o que **significou o escravismo no Brasil? Então a gente sabe que a questão do racismo, a questão da opressão** [...] **étnico-racial é capitalista** [...] a gente não vai conseguir romper com isso nessa so-

---

[204] SANTOS, 2013, p. 27.

ciabilidade. E aí, as pessoas acham que é simplesmente lutar pelo empreendedorismo negro, as pessoas acham que é "nossa vamos fomentar o empoderamento feminino" que isso basta. **Eu não estou sendo contra, eu acho até importante, no entanto, só isso não basta. A gente precisa pensar [...] em uma outra forma de sociedade em que seja contra esse tipo de ação, seja contra a opressão do outro. Pelo gênero, pela raça ou pela orientação sexual, entende?** [...]Então enquanto serviço social como que a gente se coloca nessa sociedade? [...] **Tem militante que tem se colocado enquanto marxista pós-moderno.** Assim, não entendeu o que é marxismo e muito menos o que é pós-moderno, né? [...] **eu vejo a ENESSO como um espaço de formação de militantes** [...] **até pra categoria, é uma escola sabe?** a gente se forma ali para estar nos outros espaços. Está certo que têm profissionais, tem gente que fala "olha a gente tá aqui não é pra..." E realmente a gente não está pra formar militantes, somos profissionais. **No entanto, se a gente compreende a importância em relação ao serviço social, ao que a gente defende enquanto sociedade, a gente vai entender que os espaços coletivos de luta são intrínsecos da profissão, são um complemento. É um compromisso ético-político.** Quando a gente compreende isso a gente vai falar "eu preciso compor outros espaços". Eu compreendo a ENESSO como um espaço pra formação sabe? **E aí eu fico muito preocupada com a profissão nos próximos anos**. Porque se a ENESSO está nesta conjuntura – e é ela que é um dos pilares pro fortalecimento da profissão – se ela está assim, imagina o resto.[205]

Apresentamos essa longa passagem da entrevista com a ENESSO, pois compreendemos que ela apresenta – na direção do que foi colocado pela representante da ABEPSS – questões centrais e nevrálgicas para refletirmos acerca do processo de formação profissional. Chama atenção ao fato de que, compreendendo o racismo enquanto um elemento estruturante da sociedade brasileira e que, não obstante, se coloca enquanto uma forma de racionalidade, nós enquanto profissão não estamos alheios/as à essa realidade e também somos passíveis de reproduzir essa opressão. Nesse aspecto, nos convoca à reflexão acerca do que significou o escravismo no Brasil, apontando para a necessidade de compreender a intrínseca relação dessa opressão com o sistema capitalista.

Também apresenta as diferentes concepções teóricas e políticas no interior do MESS – tal como se apresentam no interior da profissão –, e faz uma severa crítica à visão meramente identitária, ao movimento negro de viés liberal, ao empreendedorismo negro e ao mito do empoderamento, recolocando a perspectiva de totalidade do legado marxiano e da perspectiva da questão étnico-racial como estruturante

---

205 Entrevista com a ENESSO. **(grifos nossos)**

da formação social. Ademais, em coerência da direção social da profissão, chama atenção para a importância da militância dentro e fora do Serviço Social, sinalizando as fragilidades da ENESSO e a preocupação com o futuro da categoria profissional.

Nessa direção, quando questionada sobre as tendências teóricas postas para o debate étnico-racial na formação profissional, a entrevistada da ABEPSS nos convoca à reflexão de que isso também é decorrente do fato do Serviço Social não ter se apropriado dessa questão com a seriedade e relevância necessária. Isso contribui para que alguns sujeitos busquem outras referências fora da profissão.

> [...] **a gente encontra muito racismo dentro da universidade e nos nossos cursos também** [...] hoje eu consigo ver com muita nitidez isso, e por um processo de construção também. Em uma construção que é coletiva, mas eu te confesso que por dentro da profissão, a gente não tem força suficiente para romper com essa lógica, eu acho que a maioria de nós encontrou fôlego para fazer o debate dentro e fora. Então, na verdade, **eu acho que a gente tem que fazer mais autocrítica do que a crítica quando esse debate vem enviesado, e fazer autocrítica é formular coletivamente e adensar coletivamente. Primeiro, assumir que estamos atrasados e que tem a lacuna.** Só assim, a gente fazendo esse processo de autocrítica, a gente consegue então fazer uma reformulação e eu não estou falando de reformação de diretrizes curriculares, mas sim a releitura da própria lógica das diretrizes curriculares que traz toda uma centralidade para a dimensão do trabalho [...]. Sobre outras tendências teóricas, eu particularmente achava que isso era um grandessíssimo problema. **Hoje eu acho que nosso maior problema é fazer autocrítica e se recompor.** Eu acho que a nossa tarefa principal, mais do que ficar acusando é nos referenciar e nos respaldar teoricamente, **construir mediações, construir um diálogo interno honesto dentro do processo de formação, tanto na graduação quanto na pós.** Eu quero te falar que na pós é pior.[206]

Portanto, o fato da categoria não tomar coletivamente essa questão para si, também tensiona para que ocorram esses debates enviesados no âmbito da profissão. Nesse aspecto, concordamos com a entrevistada sobre a necessidade dessa autocrítica honesta e, sobretudo, da urgência em se construir mediações para avançar nesse debate no processo de formação graduada e pós-graduada, visto que ela nos chama a atenção para o fato de que na pós-graduação é ainda mais desafiador.

Acerca da relação com a pesquisa, a entrevistada do GTP também nos convida à reflexão da importância desse debate na pós, visto que "a

---

206 Entrevista com a ABEPSS. **(grifos nossos)**

pesquisa ela se fundamenta especificamente na pós, você constrói pesquisadores é na pós."²⁰⁷ Por isso, na medida em que o debate sobre as relações étnico-raciais não avança em termos de pesquisa na pós-graduação, essa discussão continua invisibilizada no interior da categoria.

Sobre como a questão étnico-racial tem sido incorporada pelo Serviço Social no âmbito da pesquisa, a entrevistada expressa que a pioneira nesse quesito no interior da profissão foi Elisabete Pinto:

> Eu acho que nessa hora a gente não pode ignorar que o pioneirismo foi de Elisabete Aparecida Pinto. Ela pesquisou no TCC. Então vale a pena você pegar o livro dela para entender quais são **os processos de quase impeachment que ela recebeu por ter abordado esse tema**. Não foi nem uma questão de descredenciamento porque Elizabete sempre foi uma pessoa muito inteligente, ela tinha fundamento [...]. **Mas era uma questão de desestímulo, esse tema não é um bom tema**... Então **você via um processo de racismo ali**. Então eu acho que a pesquisa ela vem, ela chega com a Beth em 89 porque ela faz um TCC, ela faz uma pesquisa.²⁰⁸

Vejamos que, tanto no relato acima da representante da ABEPSS, quanto nesse relato do GTP, torna-se evidente a presença do racismo no interior da profissão. Na medida em que o debate não é realizado e/ou visto com a importância que deveria ser; e que as pessoas que vão estudar a temática sofrem um processo de desestímulo, como no caso de Elisabete – com a justificativa que não se trata de uma questão importante para profissão –, observamos que posturas como essas reforçam e ratificam o que foi evidenciado na dissertação da Camila Manduca Ferreira de que, estando o racismo entranhado na estrutura das relações sociais do nosso país, o Serviço Social enquanto profissão não está fora dessa dinâmica e também o reproduz.²⁰⁹

Concordamos com Guimarães, que falar em racismo no Brasil ainda é tabu, visto que os/as brasileiros/as imaginam viver, de fato, numa democracia racial.²¹⁰ Nesse aspecto, a invisibilidade dessa discussão – que é encontrada dentro e fora do Serviço Social – está ancorada nessa concepção de uma suposta harmonia entre as raças e que, portanto, não se coloca com uma questão necessária a ser estudada.

---

207 Entrevista com o GTP.
208 Entrevista com o GTP. **(grifos nossos)**
209 FERREIRA, 2010.
210 GUIMARÃES, 1995.

Considerando os avanços paulatinos, mas extremamente importantes, sobre esse debate na categoria – os quais são fruto das lutas internas protagonizada especialmente pelas mulheres negras[211] –, a participante do GTP alude que:

> [...] **a pesquisa ainda está começando a obter um status nesse** tema né? Então eu acho que esses movimentos de reflexão e tal, é que hoje tem dado esse novo gás da pesquisa. **Mas não podemos cair no ciclismo, eu acho que a gente precisa qualificar esse debate e de fato trazer no campo dos fundamentos o debate da desigualdade étnico racial.**[212]

E, especialmente nesse contexto extremamente ímprobo que estamos vivenciando, se coloca ainda mais desafios para o avanço desse debate no âmbito da pesquisa, pois, se por um lado estamos conseguindo avançar paulatinamente, ao mesmo tempo tem uma avalanche de retrocessos atacando diuturnamente as universidades, a ciência, os auxílios estudantis. Nesse caso, atinge exponencialmente os/as estudantes e pesquisadores/as negros/as.

> Então o que eu quero te dizer, **hoje a pesquisa no serviço social ela ganha um relevo, mas ao mesmo tempo está sendo ameaçada por essa conjuntura, pelo projeto de desfinanciamento da ciência e da retirada das bolsas** [...] **A gente não vai conseguir se manter na universidade sem bolsa. Aluno pobre, branco, negro, indígena**... Porque ele atacou no lugar certo, então a gente precisa ir para rua. **Eu penso que, pensar esse momento,** [implica pensar] **a racialização desse momento, porque as políticas do governo Bolsonaro** [...] **elas não são descoladas das relações raciais e de classe.**[213]

---

211 Matilde Ribeiro nos traz uma importante contribuição a esse respeito em seu artigo *As abordagens étnico-raciais no Serviço Social*, nos evidenciando dados desse histórico de emergência do debate na profissão. Com base nos anais dos 6º (1989), 7º (1992), 8º (1995), 9º (1998) e 10º (2001) Congressos Brasileiros de Assistentes Sociais (CBAS), ela realiza um balanço da produção teórica para mostrar esse avanço. A autora demarca a pesquisa a partir do 6º CBAS pois foi "onde profissionais ligadas à temática étnico-racial e aos movimentos negros e de mulheres negras propuseram-se a apresentar teses sobre o tema" (Ribeiro, 2004, p. 149). Compreendemos que ousadia dessas mulheres negras em produzir essas teses e apresenta-las no maior evento da categoria profissional, se constitui como um marco histórico de extrema importância e, sem dúvidas, contribuiu e foi fator decisivo para trazer a questão étnico-racial para o interior do Serviço Social brasileiro. Cf.: RIBEIRO, 2004.

212 Entrevista com o GTP. (**grifos nossos**)

213 Entrevista com o GTP. (**grifos nossos**)

Nesse aspecto, mais que nunca, a conjuntura nos demanda reagir e pensar coletivamente estratégias, na direção da defesa e manutenção do legado construído pela categoria e, ao mesmo tempo, na incorporação e ampliação do debate étnico-racial na formação profissional e no âmbito da pesquisa.

Essas importantes pontuações, nos convoca a pensar se estamos conseguindo materializar o projeto de formação profissional elaborado pela ABEPSS, expressando a direção social que queremos para a profissão no Brasil. Portanto, é necessário a nitidez de que essa proposta de formação "[...] requer, assim, um rigoroso suporte teórico-metodológico necessário à reconstrução da prática e, ao estabelecimento de estratégias de intervenção."[214] E para que isso se concretize, é imprescindível não perdermos de vista os fundamentos das DCs da ABEPSS e sua radicalidade.

É importante mencionar que os núcleos de fundamentação dessas diretrizes evidenciam a necessidade de compreensão dos fundamentos da particularidade da formação social brasileira e, nesse aspecto, desconsiderar a necessidade do debate transversalizado do racismo, é contribuir para que essa compreensão fique extremamente deficitária – o que, por sua vez, causa rebatimentos no trabalho profissional compreendendo a indissociabilidade entre formação e trabalho profissional.

Na direção do que estamos tecendo, vale destacar que o Núcleo de Fundamentos da Formação Sócio-Histórica da Sociedade Brasileira expresso nas DCs, apresenta que:

> **Este núcleo remete ao conhecimento da constituição econômica, social, política e cultural da sociedade brasileira**, na sua configuração dependente, urbano-industrial, nas diversidades regionais e locais, articulada com a análise da questão agrária e agrícola, como um elemento fundamental da particularidade histórica nacional. Esta análise se direciona para a apreensão dos movimentos que permitiram a consolidação de determinados padrões de desenvolvimento capitalista no país, bem como os impactos econômicos, sociais e políticos peculiares à sociedade brasileira, tais como suas desigualdades sociais, diferenciação de classe, de gênero e **étnico raciais**, exclusão social, etc.[215]

Ademais, dentre as matérias[216] básicas propostas nas DCs da ABEPSS, consta a disciplina de "Acumulação Capitalista e Desigualdades Sociais" e na sua

---

[214] ABEPSS, 2012, n.p.

[215] ABEPSS, 1996, p. 11. (**grifos nossos**)

[216] "As matérias são expressões de áreas de conhecimento necessárias à formação profissional que se desdobram em: disciplinas, seminários temáticos, oficinas/laboratórios, atividades complementares e outros componentes curriculares." ABEPSS, 1996. p. 15.

ementa também faz menção à questão étnico-racial, no bojo da constituição dos movimentos societários, apresentando o seguinte conteúdo:

> A inserção do Brasil na divisão internacional do trabalho e a constituição das classes sociais, do Estado e nas particularidades regionais. Perspectivas de desenvolvimento desigual e combinado das estruturas fundiárias e industrial, e a reprodução da pobreza e da exclusão social nos contextos urbano e rural. As perspectivas contemporâneas de desenvolvimento e suas implicações sócio-ambientais. A constituição da democracia, da cidadania e dos direitos sociais e humanos no Brasil. Constituição de sujeitos sociais, estratégias coletivas de organização de classes, categorias e grupos sociais. **Relações de gênero, étnico-raciais, identidade e subjetividade na constituição dos movimentos societários.**[217]

Compreendemos, desse modo, que tal documento balizador para a formação em Serviço Social, apesar de não esmiuçar mais elementos para a compreensão do racismo e suas particularidades na sociedade brasileira, apresenta a questão como algo a ser trabalhado no processo formativo. Portanto, não podemos negligenciar esse debate e os elementos apontados nas diretrizes, devem servir como ponto de partida para que cada universidade e curso possam construir a organização curricular de acordo com suas especificidades locais e regionais e, nesse entorno, contemplar a questão étnico-racial.

Sinalizamos essa posição, pois entendemos que, ainda que as diretrizes da ABEPSS não apresentem o debate étnico-racial de forma mais contundente, isso não pode ser empecilho para que avancemos cada vez mais no interior da profissão no entendimento de que essa discussão é necessária na formação e deve compor todos os conteúdos, de forma transversal – e também específica enquanto estratégia de fortalecer o debate, conforme evidenciado pelas entrevistadas anteriormente.

Não podemos perder de vista que as DCs foram construídas em um determinado momento histórico. Não se trata aqui de dizer que "elas estão ultrapassadas" ou que "elas não dão conta" mais da formação como alguns setores conservadores no interior da profissão o fazem. Pelo contrário, coerente com o método que baliza as diretrizes, entendemos que elas devem ser o ponto de partida para a formação, o documento norteador, a referência. Contudo, os cursos devem estar atentos ao movimento da realidade e os currículos também devem acompanhar esse movimento, como forma de atender às exigências e demandas postas na realidade social.

As próprias diretrizes da ABEPSS evidenciam nitidamente a necessidade da flexibilidade na organização dos currículos e que a profissão

---

217 ABEPSS, 1996, p. 17. **(grifos nossos)**

deve ser compreendida enquanto um processo, em que as próprias condições materiais postas no movimento do real, condicionam a formação e o trabalho profissional dos/as assistentes socias, nesse aspecto:

> Implica, pois, em compreender a profissão como um processo, vale dizer, ela se transforma ao transformarem-se as condições e as relações sociais nas quais ela se inscreve [...]. O trabalho do Assistente Social é, também, afetado por tais transformações, produto das mudanças na esfera da divisão sociotécnica do trabalho, no cenário mundial.[218]

Destarte, não tratar a questão étnico-racial enquanto um componente necessário e estruturante da formação profissional, sob o discurso de que as Diretrizes Curriculares da ABEPSS não apontam para essa necessidade, além de evidenciar a não compreensão desse documento, entra em contradição com a própria essência desse projeto de formação, cujo método que o sustenta coloca como pressuposto estar atento à dinâmica social e acompanhar o movimento do real.

E esse movimento da realidade nos tensiona a todo momento a debater a questão étnico-racial, a pensar o racismo enquanto estruturante da sociedade brasileira, a criar estratégias profissionais frente essa demanda, pois ela se apresenta para nós diuturnamente. Nesse sentido, coadunamos com a representante da ABEPSS que é central e estratégico para o Serviço Social lidar com essa questão.

> É central para nós e estratégico. **Eu quero dizer que é estratégico, porque a gente lida com a realidade e a realidade está cada dia mais apontando quem tem sido o alvo principal dessa ofensiva ultraliberal de um capitalismo que está em crise e está fazendo tudo para se refazer e essa classe dominante também se recompor com o que ela tem de pior no caso.** E aí, como falar de emancipação se a gente está tendo esse tipo de retrocesso civilizatório, do ponto de vista da humanidade? **Então eu acho que a luta antirracista e a questão racial ela é central, ela é estratégica porque as pessoas estão morrendo. E quem está morrendo, prioritariamente são os nossos jovens...** (choro) **São as mulheres, essa juventude que não tem perspectiva de trabalho,** e diante daquilo que a gente achava que era pouco, agora está muito pior e um ódio de classe declarado e deliberado. **As pessoas nunca tiveram tanta coragem de serem racistas, serem homofóbicas, machistas né? Assusta.** Então eu acho que é isso, é plenamente vinculado, **falar de projeto ético político hoje é fundamental ter mesmo essa bandeira como bandeira uma das bandeiras centrais.**[219]

---

218 ABEPSS, 1996, p. 5.
219 Entrevista com a ABEPSS. (**grifos nossos**)

Essa intensa e marcante fala, nos convoca a realizar um profundo processo reflexivo, retomar a radicalidade do projeto profissional que defendemos como hegemônico, compreendendo que na atual conjuntura que vivenciamos, a realidade social tem cada vez mais massacrado os corpos negros e isso tem relação direta com nossa profissão.

Portanto, não é possível ficarmos alheios/as a esse processo, sobretudo porque temos como mote a defesa intransigente dos interesses da classe trabalhadora e sabemos que, na realidade brasileira, essa classe em sua imensa maioria, tem a condição étnico-racial muito bem demarcada.

> **A gente não está falando de classe trabalhadora europeia, branca e que se desenvolveu numa outra formação. A gente está falando de negros em diáspora que foram arrancados dos seus territórios, de suas vidas, da sua cultura, da sua forma de produção** *[...]*. Porque é essa força de trabalho, já totalmente espoliada, super explorada que continua fazendo mover os novos engenhos. [220]

Nesse necessário processo de crítica e autocrítica sobre como tem se trabalhado a questão étnico-racial na formação profissional, concordamos com as seguintes indagações feitas por Guerra:

> A atual organização dos conteúdos curriculares superou a fragmentação? As concepções que subsidiam o ensino dos fundamentos expressam a direção social do curso? Que concepções de história, teoria/método estão presentes nas nossas disciplinas? Como estamos enfrentando o pensamento formal-abstrato na formação profissional, o qual se explicita nas concepções de história, teoria/método que subjazem nos conteúdos ministrados? Temos dado centralidade ao ensino das teorias sociais? A formação tem permitido a incorporação de uma razão dialético-materialista, tão necessária para a captação da realidade social? As análises críticas têm se convertido em posturas profissionais que enfrentam a racionalidade hegemônica e buscam construir a contra-hegemonia?[221]

Essas são indagações que precisamos nos fazer a todo momento se, de fato, nos colocamos na trincheira desse projeto emancipatório de formação e, por conseguinte, de profissão. Além disso, também precisamos particularizar algumas dessas indagações para pensarmos o debate antirracista na formação.

> Nesse sentido, nos perguntamos: em que medida a lacuna existente sobre as questões étnico-raciais nos currículos acadêmicos de Serviço Social pode afetar o compromisso profissional no combate ao preconceito e a práticas de discriminação? Em que medida o desconhecimento sobre as múltiplas expressões da ideologia racial brasileira mantém práticas de iniquidades e

---

220 Entrevista com a ABEPSS. (**grifos nossos**)
221 GUERRA, 2018, p. 27-28.

injustiça social? Quais as dificuldades encontradas pelo assistente social no seu fazer profissional diante de violações de direitos decorrentes de preconceito racial? Ante o racismo institucional, qual tem sido a atuação do assistente social para seu enfrentamento?[222]

Dessa forma, esses são questionamentos necessários de serem feitos e considerados ao pensarmos numa formação e trabalho profissional compromissados teórica, ética, política e tecnicamente.

Nessa direção, é importante não perdermos de vista alguns dos elementos necessários para a capacitação teórico-metodológica, ético-política e técnico-operativa contidos nas DCs da ABEPSS, os quais estabelecem a necessidade de:

> 1. **Apreensão crítica do processo histórico como totalidade;**
> 2. **Investigação sobre a formação histórica e os processos sociais contemporâneos que conformam a sociedade brasileira, no sentido de apreender as particularidades da constituição e desenvolvimento do capitalismo e do Serviço Social no país;**
> 3. Apreensão do significado social da profissão desvelando as possibilidades de ação contidas na realidade;
> 4. **Apreensão das demandas - consolidadas e emergentes - postas ao Serviço Social via mercado de trabalho, visando formular respostas profissionais que potenciem o enfrentamento da questão social,** considerando as novas articulações entre público e privado;
> 5. Exercício profissional cumprindo as competências e atribuições previstas na Legislação Profissional em vigor.[223]

Só compreendemos ser possível a efetivação desses princípios se considerarmos o entendimento do racismo enquanto elemento fundante da sociedade brasileira e que se expressa no cotidiano das relações, dando um contorno peculiar à "questão social" no Brasil e, não obstante, evidenciando essa realidade de forma escandalosamente explícita no trabalho profissional.

Por isso, concordamos com a entrevistada do CFESS que:

> [...] não dá, **não é possível que você não enxergue que entre aquela maioria de população que você atende no serviço é todo mundo preto.** É visível, mas daí a ser algo, um elemento de trabalho, tem um salto aí. Tem um salto que não é tão obvio, é visível, mas não é obvio.[224]

---

[222] ROCHA, 2009, p. 556.
[223] ABEPSS, 1996, p. 7. **(grifos nossos)**
[224] Entrevista com o CFESS. **(grifos nossos)**

Nessa perspectiva, Rocha pontua que "[...] conhecer esses sujeitos vai para além de conhecer o seu 'registro de identidade'. É preciso conhecer a sua história e com ela aprender as diversas formas de resistência às opressões que são forjadas individual e coletivamente."[225]

Sendo assim, para a profissão realizar esse necessário salto de qualidade e consolidar, de fato, sua coerência ético-política, o debate étnico-racial deve estar "na ordem do dia" do processo formativo dos/as assistentes sociais, sobremaneira considerando o atual estágio de crise do capital que, como evidenciado no debate realizado anteriormente sobre racismo e "questão social" no Brasil, recai mais forte e violentamente sobre os corpos negros. Assim:

> O necessário debate da **questão étnico-racial** efetiva-se na medida em que a mesma, sob o rigor da análise crítica da sociedade capitalista e seu processo de produção e reprodução, **deve ser considerada como um dos eixos estruturais e estruturantes das relações sociais**. Sobretudo, quando se tem por horizonte a superação desta sociabilidade, que alcança no atual estágio de crise do capital os patamares mais insustentáveis de vida, gerando a absurda contradição entre o modo de produção e o pleno desenvolvimento das condições de vida e usufruto coletivo do que é produzido por parte de seus/suas reais produtores/as.[226]

Dessa forma, considerando que "diversos desafios foram e continuam sendo postos ao Serviço Social ao longo de sua história. O debate sobre a questão étnico-racial e sua inserção nos currículos é um deles",[227] é importante destacar que a última gestão da ABEPSS (2017-2018) trouxe uma contribuição de grande valia para esse discussão na formação profissional, a partir dos *Subsídios para o debate sobre a questão étnico-racial na formação em Serviço Social.*[228]

Sobre esse processo, a representante da ABEPSS sinaliza que é um documento inicial e que todo o movimento de maior abertura e visibilidade da discussão étnico-racial na formação profissional, é caudatário do Grupo Temático de Pesquisa (GTP) "Serviço Social, Relações de Exploração/Opressão de Gênero, Feminismos, Raça/Etnia e Sexualidades", uma vez que "é desse GTP que vem o tensionamento interno. As coisas também são construídas historicamente. Então assim, a gente tem um histórico de GTP, que vem desde 2010 numa construção."[229]

---

225 ROCHA, 2014, p. 304.

226 ABEPSS, 2018a, p. 16. (**grifos nossos**)

227 ABEPSS, 2018a, p. 10.

228 ABEPSS, 2018.

229 Entrevista com a ABEPSS.

Acerca desse processo, a participante da pesquisa explicita a importância das mulheres negras que protagonizaram a discussão no interior da categoria e, num movimento histórico e árduo, não desistiram de demonstrar para todo o conjunto da profissão, a importância e necessidade desse debate.

> [...] as companheiras desse GTP, elas sempre tiveram uma atitude generosa com essa categoria [...]. **Porque elas não desistiram, e elas tinham tudo para desistir** [...]. Esse negócio de você ficar lá de dois em dois anos, cadê a mesa dos pretos? De dois em dois anos, cadê o lugar do GTP? Quem está na coordenação?... Isso cansa. **E elas não cansaram, pelo contrário, elas formaram quadros** e eu acho muito legal, porque esse reconhecimento ele também vem desse processo, também da articulação com o conjunto **CFESS/ CREES**, essa coisa da gente discutir trabalho e formação, isso é muito bom. **Porque aí uma entidade de certa forma pode contribuir com a sua particularidade com a outra** [...]. **Eu acho que esse grupo ajudou a adensar essa compreensão** – ainda que eu ache que é incipiente, que essa compreensão que a gente está tendo hoje não é generalizada [...] na categoria, mas ao mesmo tempo... "opa espera aí, tem o movimento da realidade que está dizendo isso tudo para gente, quais são as chaves de respostas que a agente encontra coletivamente estratégias para fazer isso?" E aí na gestão, no primeiro ano de gestão que foi em 2017, a gente fez um planejamento e esse planejamento foi um planejamento que a gente utilizou uma metodologia de educação popular. **A gente trouxe os GTPs também para o planejamento**, então eu acho que teve uma conjunção de elementos da própria realidade no primeiro momento, desse adensamento, dessa luta, desse processo e que converge num dado momento para a gestão que no início de 2017, e até mesmo antes do CFESS deliberar sobre a prioridade da gestão, porque a gente ainda pega a gestão do Maurílio. **No início da nossa gestão em 2017, o CFESS ainda não tinha deliberado sobre a campanha de gestão que foi a questão racial.**[230]

Desse modo, evidencia que o protagonismo dessas mulheres contribuiu para a formação de quadros no interior da profissão – o que foi decisivo para esse acúmulo coletivo que culminou na construção desses subsídios sobre o debate étnico-racial na formação profissional. É possível observarmos também que no momento em que essa gestão da ABEPSS define como uma das pautas prioritárias a discussão sobre a questão étnico-racial, o conjunto CFESS/CRESS, ainda não havia aprovado a campanha de gestão, 2017-2020, "Assistentes Sociais no combate ao Racismo".

Essa informação, ao nosso ver, apenas reforça o entendimento acerca da premente necessidade de avançar nesse debate no bojo da profissão, visto que diversos setores da categoria profissional historicamente vêm tensionando internamente e apresentando essa demanda.

---

230 Entrevista com a ABEPSS. **(grifos nossos)**

Outro aspecto evidenciado pela entrevistada é sobre a importância da relação entre as entidades da categoria, na construção de unidades e pautas necessárias a serem forjadas coletivamente no âmago profissional – o que comprova que as entidades, a partir de uma unidade e afinidade político-ideológica, têm se expressado enquanto o sustentáculo da direção social estratégica da profissão.

Entendendo o significado social da profissão, a necessidade de formar profissionais com condições teórico-metodológica, ético-política e técnico-operativa de atuar nas diversas expressões da "questão social", formulando respostas profissionais que possibilitem a construção de mediações, com vistas ao enfrentamento das demandas apresentadas, é oportuno salientar que:

> [...] o debate étnico-racial possui de forma inequívoca uma profunda relação com a dimensão essencial do trabalho e da questão social. Ele se apresenta como mediação fundamental do objeto da profissão, qual seja, as diferentes expressões da questão social e a efetiva promoção de ações concretas para a sua superação, enfrentamento com base em uma educação e formação profissional antirracista.[231]

Dessa maneira, a atual conjuntura de imensos ataques aos direitos da classe trabalhadora, da intensificação da violência – especialmente contra os/as negros/as – de destruição e mercantilização da educação, de obscurantismo, de putrefação e decadência ideológica, rebatem em todos os âmbitos da vida social e é impulsionada pelo governo de ultradireita e puro-sangue de Bolsonaro e Mourão.

Se historicamente já vivenciamos diversos ataques à direção social hegemônica da profissão, o contexto hodierno que vivenciamos de desmonte, mercantilização e sucateamento da educação e, logo, da formação em Serviço Social, atende aos moldes e exigências neoliberais e aos interesses do capital no mercado educacional, em que cada vez mais a educação, especialmente a superior, se mercantiliza. Isso traz sérios e graves prejuízos ao projeto de educação e formação que defendemos e, mais ainda, rebate diretamente na população usuária do serviço, pois uma formação profissional precária e medíocre, significa que o serviço que será oferecido à população, também será precário e medíocre.

Esta ameaça para o Serviço Social vem de longa data, pois é impulsionada pelo próprio Conselho Nacional da Educação (CNE) e Ministério de Educação e Cultura (MEC), visto que as Diretrizes para a formação profissional em Serviço Social aprovada e homologada pelo

---

231 ABEPSS, 2018a, p. 16-17.

ministério em 2000 suprimiram os principais elementos que garantem uma formação profissional em Serviço Social crítica, totalizante – conforme apontam as Diretrizes da ABEPSS de 1996. Nas palavras de Iamamoto, as Diretrizes aprovadas sofreram "[...] forte descaracterização no que se refere à direção social da formação profissional, aos conhecimentos e habilidades considerados essenciais ao desempenho do assistente social."[232]

É sabido, pois, que vivemos inúmeros desafios na atual trama conjuntural que nos demandam criar unidades estratégicas para um enfrentamento coletivo e em consonância com a direção social da profissão. O projeto de formação defendido pelo Serviço Social sofre ameaças cotidianas: desde as diretrizes aprovadas pelo MEC que retiram todo caráter político da profissão, esvaziando a proposta de uma formação profissional crítica e vinculada a outra ordem societária; quanto o avanço estarrecedor do ensino a distância, representando o ápice do processo de precarização da educação superior; a lógica privatista e mercantil da formação, o aligeiramento, etc.

Tais desafios, acarretam na ampliação do número de assistentes sociais formados/as por currículos flexibilizados, na formação de exército industrial de reserva no bojo profissional, além de um processo de retomada da construção de perfil profissional tecnicista e conservador. Exatamente por isso, a nosso ver, que se faz fundamental a defesa e o fortalecimento do projeto de formação profissional, balizado pelas Diretrizes Curriculares da ABEPSS, pois este apresenta uma proposta de formação numa perspectiva crítico-dialética e de totalidade, oferecendo uma formação não para atender os interesses mercantis, mas para a vida social e que possibilita a apreensão macro do modo de produção capitalista, bem como contribui e potencializa a construção da dimensão político-organizativa – a qual entendemos como necessária.

E, nessa relação, precisamos compreender coletivamente a necessidade de defender uma proposta de formação antirracista, que faça jus à coerência apostada na direção social da profissão. Acerca desse cenário permeado de desafios, a entrevistada da ABEPSS sinaliza alguns dos obstáculos para o avanço do debate e de ações antirracistas no interior da profissão:

> Eu acho que o primeiro desafio é reconhecer os nossos racismos e entender que não basta não ser racista, tem que ser antirracista [...]. O que fizeram com a gente, em termos do mito da democracia racial, isso é uma desgraça, é um negócio que a gente vai ter que ter [...] muito tempo

---

232 IAMAMOTO, 2014, p. 617.

para desconstruir. **Então que acho que uma questão grande do desafio é esse: como nos tornar antirracistas.** Acho que outro grande desafio é **que a gente está esbarrando em uma conjuntura que a gente não está conseguindo respirar**, mas mesmo que eu vejo isso como um problema, eu vejo que a questão racial ela agrega, ela tem conseguido agregar... **Quando a gente toca na questão racial, parece que aí a classe faz sentido para gente [...].** *Várias coisas desse processo de emburguesamento, de embranquecimento que a gente carrega faz com que a gente se afaste demais dessa dimensão ontológica do ser social que a gente tanto reivindica*, e tanto prega que é esse modelo, e a gente às vezes não consegue entender por que esse tal desse modelo de cidadania e democracia não se encaixou muito bem na cabeça da gente. Eu acho que isso nos fortalece muito coletivamente, então ao mesmo tempo em que é um desafio [...] eu acho que também tem um potencial porque a gente se aproxima da classe, a gente se aproxima do real. **Então eu acho que um desafio é esse, é assim, como ampliar esse debate com o conjunto da categoria, com a base.** Eu acho que o tema desse ano foi forte, pra caramba do conjunto CFESS/CRESS "Quando tem corte de direito, preto e pobre sofrem primeiro". **Então assim, eu acho que o serviço social hoje tem um grande desafio que é manter essa direção ético-política.** E aí o desafio da questão racial reside também nesse debate.[233]

Pelo exposto, observamos que possuímos inúmeros desafios – internos e externos à profissão – para avançarmos no debate étnico-racial e em ações antirracistas. Um dos principais desafios é rompermos com a ideologia racista-dominante presente na estrutura da sociedade e que repercute também na profissão, considerando todo processo histórico arraigado sob o mito da democracia racial. Romper com isso, nos possibilitará uma aproximação ontológica com nossa classe, com o movimento do real. Só assim conseguiremos garantir/construir a coerência ético-política que tanto julgamos necessária.

Nessa direção, concordamos expressamente que:

> [...] pensar em uma dimensão ético-política secundarizando ou particularizando de uma forma específica essa questão, colocando a **população negra como um segmento, de fato, faz com que a gente tenha uma certa contradição nesse projeto** [...]. Então essa dimensão raça e classe estão imbricadas e numa perspectiva de um projeto societário emancipatório, que lógico, não vai se encerrar na categoria, mas que a nossa categoria tem uma afiliação com pela própria condição de classe que temos.[234]

---

233 Entrevista com a ABEPSS. **(grifos nossos)**

234 Entrevista com a ABEPSS. **(grifos nossos)**

Nesse cenário de grandes ofensivas a todo conjunto da classe trabalhadora e, por conseguinte, da categoria profissional, mais que nunca nos imputa a necessidade de organização e enfrentamento a essa avalanche de retrocessos. A direção social hegemônica da profissão está fortemente ameaçada com tendências extremamente conservadoras e reacionárias no interior do Serviço Social, ancoradas em uma visão tecnicista e cristã, remetendo às protoformas da profissão no Brasil, como é o caso do "Serviço Social Libertário".[235]

Chamamos atenção para isso, pelo fato de que entendemos que vivenciamos uma conjuntura extremamente desfavorável em todos os âmbitos das lutas progressistas. Como a profissão se insere nesse campo, precisamos coletivamente reagir. Mas, ao nosso ver, para essa reação ganhar corpo e coerência ético-política, essa luta deve estar articulada com o avanço do debate étnico-racial na profissão. Fora isso, concordamos com a participante da ABEPSS, que continuaremos sustentando uma contradição nesse projeto.

> O desafio mais crítico para aqueles que lutam contra o racismo no Brasil está justamente em convencer a opinião pública do caráter sistemático e não-casual dessas desigualdades; mostrar a sua reprodução cotidiana através de empresas públicas e privadas, através de instituições da ordem pública (como a polícia e os sistemas judiciário e correcional); através das instituições educacionais e de saúde pública. Só assim pode-se esperar levantar o véu centenário que encobre as dicotomias elite/povo, branco/negro na sociedade brasileira.[236]

Assim, concordamos que esse desafio em incorporar o debate antirracista no Serviço Social está ancorado na dificuldade mais geral

---

[235] Há um grupo no interior da categoria que se denomina de Serviço Social libertário e questiona a direção social da profissão. "O Serviço Social Libertário é um movimento iniciado por alunas (os) e profissionais de Serviço Social, de diferentes estados do país, insatisfeitas com a doutrinação marxista sustentada pelo nosso curso e que fundamenta uma prática profissional política ideológica". Também afirmam que "O movimento é totalmente avesso ao marxismo, primeiramente, por entender que a teoria incorre em equívocos (como por exemplo, a teoria do valor, a teoria da exploração e da luta de classes). Também, por entender que as diversas tentativas de implantação do sistema socialista/comunista sempre resultaram em totalitarismo, cruéis ditaduras, supressão das liberdades individuais e miséria generalizada". Cf.: FACEBOOK. Serviço Social Libertário. Quem Somos. 20 jul. 2016. Disponível em: https://www.facebook.com/servicosociallibertario/posts/306372039707012:0 . Acesso em: 26 maio 2020.

[236] GUIMARÃES, 1995, p. 43.

da própria sociedade entender o racismo como algo a ser enfrentado – concepção essa que tem suas raízes no mito da democracia racial e, não obstante, o reforça à medida em que contribui para a continuidade da invisibilidade dessa questão.

Dessa maneira, a profissão não incorporar esse debate e essa luta enquanto parte fundamental para garantia dos direitos da classe trabalhadora e, não obstante, para a defesa de outra ordem societária, além dos/as profissionais contribuírem para a manutenção de relações de discriminação, abrirão brecha para que outras tendências teóricas se apropriem dessa discussão – o que também tensiona a direção social do projeto, visto que alguns desses referenciais teórico-políticos também questionam o marxismo.

> Os profissionais que atuam em defesa do fortalecimento do Projeto ético-político profissional, tendo como referência teórico-política o pensamento crítico marxista, ao se eximirem desse debate correm o risco de: primeiro, **contribuir com a manutenção de relações discriminatórias e de ampliação das desigualdades sociais em decorrência do racismo** e suas múltiplas expressões na realidade brasileira; segundo, de **deixar brecha para que outros referenciais teórico-políticos**, de cunho conservador ou pós-moderno, apropriem-se dessa discussão e ocupem grande parte dos recursos político-pedagógicos (referencial bibliográfico, atividades de extensão e de pesquisa etc.) utilizados como instrumentos de formação. Ou seja, **ou a categoria profissional incorpora essa discussão, dando relevo ao tema a partir de uma perspectiva teórico-crítica, ou deixará que esse debate seja realizado de forma *a-histórica* e descolada das múltiplas determinações históricas e materiais**.[237]

Portanto, compreendemos que não assumirmos coletivamente esse debate, nos marcos do projeto emancipatório que defendemos para a profissão, também colabora para que haja disputa de hegemonia desse projeto.

TRABALHO PROFISSIONAL E COMBATE AO RACISMO INSTITUCIONAL

É importante, obviamente, não perdermos de vista os limites profissionais e o fato de que operamos na malha contraditória, atendendo aos interesses tanto do capital quanto aos do trabalho. Em outras palavras, a profissão é convocada pelo Estado burguês para dar respostas às diversas expressões da "questão social" e, nesta mesma atividade, também atende, contraditoriamente, aos interesses da classe trabalhadora. A profissão responde, deste modo,

---

237 ROCHA, 2014, p. 304. **(grifos nossos)**

> [...] tanto as demandas do capital como do trabalho e só pode fortalecer um ou outro polo pela mediação de seu oposto. Participa tanto dos mecanismos de dominação e exploração como, ao mesmo tempo e pela mesma atividade, da resposta às necessidades de sobrevivência da classe trabalhadora e da reprodução do antagonismo nesses interesses sociais, reforçando as contradições que constituem o móvel básico da história.[238]

É por isso que o trabalho profissional do/a assistente social é cotidianamente polarizado pelos interesses do capital e do trabalho. A compreensão deste elemento eminentemente contraditório, que funda a constituição da profissão no Brasil, é determinante para o estabelecimento de mediações que possibilitem apreender esses processos e criar estratégias para fortalecer a luta pelos interesses da classe trabalhadora que, em nossa realidade, é constituída majoritariamente de negros/as.

Assim, na mesma medida em que precisamos ter nítido o papel contraditório da profissão e os limites que temos na órbita do capital, é preciso clareza da direção construída coletivamente a partir da década de 1980 pela categoria de assistentes sociais, e fortalecer no cotidiano profissional o polo dos interesses dos/as trabalhadores/as.

Esse lugar que assumimos – ou deveríamos – na luta de classes e também no trabalho profissional nos espaços sócio ocupacionais, deve se colocar cotidianamente na trincheira da defesa intransigente dos direitos sociais da população usuária em todos os níveis; na luta pela reforma agrária; pela livre expressão e orientação sexual; pela libertação das mulheres, contra o machismo e o patriarcado que as matam diuturnamente; pelo fim do racismo estrutural e institucional – considerando que os conflitos raciais são parte e estão presentes no âmbito das instituições,[239] logo, nos espaços de atuação do/a assistente social.

Para construir esses enfrentamentos, precisamos criar estratégias cotidianas no trabalho profissional para desmistificarmos o falacioso mito da democracia racial e construirmos uma nova narrativa que possibilite evidenciar os resquícios escravocratas que vivemos e que mata a população negra a todo o momento, seja nas periferias do país pela bala da polícia ou nas ações institucionalizadas que reproduzem perversamente o racismo.

Concordamos com Guimarães que a nossa particular formação sócio histórica, fruto de um projeto elitista – e racista –, construiu um imaginário de cidadania que exclui negros/as e índios/as. Esses sujeitos "[...] foram excluídos desde sempre da cidadania, pelo processo

---

238 IAMAMOTO; CARVALHO, 1995, p. 75.

239 ALMEIDA, 2018.

mesmo de sua emancipação que os transformou numa subclasse."[240] "Subclasse" essa que é marcada por uma profunda e sistemática subalternização, exclusão e violência, visto que o racismo solapa cotidianamente essas pessoas. Por isso:

> Em termos materiais, na ausência de discriminações raciais institucionalizadas, esse tipo de racismo se reproduz pelo jogo contraditório entre, por um lado, uma cidadania definida de modo amplo e garantida por direitos formais, mas, por outro lado, largamente ignorados, não cumpridos e estruturalmente limitados pela pobreza e pela violência policial cotidiana. É pela restrição fatual da cidadania e através da imposição de distâncias sociais criadas por diferenças enormes de renda, de educação; e pelas desigualdades sociais que separam brancos de negros, ricos de pobres, nordestinos de sulistas, que o racismo perpetua.[241]

Em virtude dessa "cidadania excludente", pelo fato desses sujeitos não serem concebidos no mesmo patamar de humanidade e civilidade da branquitude, e considerando que o racismo é estrutural de nossa sociedade, ele está presente e se expressa de forma ordenada em todos os âmbitos da vida social e, portanto, também supõe a "normalidade" da dinâmica das instituições.

Nesse sentido, nós, enquanto profissionais que atuamos no contexto contraditório das instituições, precisamos compreender a existência do racismo enquanto elemento que estrutura a sociedade brasileira e que se espraia no âmbito institucional, para que consigamos construir respostas profissionais que possibilitem enfrentar tal realidade. De acordo com Eurico:

> [...] o racismo institucional refere-se a todas as ações institucionalizadas que tem como objetivo explícito ou implícito a reprodução do preconceito e da discriminação contra qualquer pessoa em virtude de seu pertencimento étnico-racial [...] ele se expressa no acesso à escola, ao mercado de trabalho, na criação e implantação de políticas públicas que desconsideram as especificidades raciais e na reprodução de práticas discriminatórias arraigadas nas instituições.[242]

Outra definição compreende o racismo institucional como:

> O fracasso coletivo de uma organização ou instituição em prover um serviço profissional e adequado às pessoas devido a sua cor, cultura, origem racial ou étnica. Ele pode ser visto ou detectado em processos, atitudes e comportamentos que denotem discriminação resultante de preconceito, ignorância, falta de atenção ou estereótipos racistas.[243]

---

240 GUIMARÃES, 1995, p. 41.

241 GUIMARÃES, 1995, p. 42.

242 EURICO, 2019, n.p.

243 Programa de Combate ao Racismo Institucional – PCRI/DFID/PNUD *apud* ROCHA, 2009, p. 548.

Desta forma, é fundamental este entendimento para o Serviço Social que atua diretamente com a população negra no cotidiano profissional, pois é este o público que engrossa as fileiras das instituições em busca do acesso às políticas públicas. E, neste contexto, mais que nunca é urgente esta compreensão, pois num cenário de retrocessos imensuráveis para todo conjunto da classe que vive do trabalho, não podemos ter dúvidas de que *se cortam nossos direitos, quem é preta e pobre sente primeiro!*[244]

Por essa compreensão, é que se torna imprescindível falar não apenas do debate étnico-racial na formação, mas também, fundamentalmente, do combate ao racismo no trabalho profissional. Sobre essa questão, a representante do CFESS sinaliza que:

> [...] **para gente é muito importante falar disso na conexão com o trabalho**, porque se você não fala assim, parece que é só uma posição política. Posição política a gente já tem contra o racismo, contra todas essas coisas há bastante tempo, mas o que isso tem a ver com o trabalho? Que tipo de contribuição você pode dar? Então é de coisas pequenas: **como você atende a pessoa, como você repassa a informação, de como você fala... A linguagem é um instrumento poderoso, se você fala de um jeito você chega à pessoa, se você não fala daquele jeito, você não chega...** A pessoa não vai entender do que você está falando. Ah, porque tem que imbecilizar linguagem? Não é isso não, mas tem que saber falar a linguagem que a pessoa entenda né? Explicar as coisas... **E não adianta, eu acho que a questão da formação é uma questão, óbvio, mas também não é só aí.** Sair formado, okay okay, tem alguns cursos que ainda conseguem ter uma formação boa, que os estudantes tem bons professores, uma direção teórica clara e etc, mas isso não garante depois quando ele se defronta com as pressões do mercado, não garante que ele vai ser coerente, que ele vai permanecer desse modo que a gente precisa que ele permaneça. **Então é constante, a gente precisa falar disso sempre com os assistentes sociais.**[245]

Essa fala é extremamente pertinente e corrobora com o entendimento coletivo da profissão acerca da indissociabilidade entre as dimensões teórico-metodológica, ético-política e técnico-operativa, da necessária e constante articulação entre formação e trabalho e da necessidade da formação continuada enquanto forma de qualificar o exercício pro-

---

244 Aqui fazemos alusão à campanha do conjunto CFESS/CRESS do dia do/a assistente social (2019) "Se cortam nossos direitos, quem é preta e pobre sente primeiro! A gente enfrenta o racismo é no cotidiano." Cf.: CONSELHO FEDERAL DE SERVIÇO SOCIAL. Dia do/a Assistente Social. Disponível em: http://www.cfess.org.br/visualizar/menu/local/dia-doa-assistente-social. Acesso em: 23 jun. 2020.

245 Entrevista com o CFESS. **(grifos nossos)**

fissional – o que dialoga diretamente com o 10º princípio do Código de Ética dos/as Assistentes Sociais (1993), tendo em vista que ele estabelece "[...] compromisso com a qualidade dos serviços prestados à população e com o aprimoramento intelectual, na perspectiva da competência profissional."[246]

Exatamente por isso, e considerando que as expressões cotidianas do racismo estarão presentes no cotidiano do nosso trabalho profissional, em todos os espaços sócio ocupacionais que estivermos, precisamos nos capacitar constantemente para esse enfrentamento, combatendo o racismo em todas as ações que desenvolvermos.

Nesse aspecto, achamos importante frisar que não falamos apenas do lugar de pesquisador, falamos também do lugar de militante e do lugar de quem construiu ações antirracistas no cotidiano do trabalho enquanto assistente social no âmbito do Sistema Único de Assistência Social (SUAS). Dessa forma, nossa experiência profissional não apenas comprova a necessidade de combate ao racismo, como evidencia que é sim possível fazê-lo no âmbito do trabalho profissional, no sentido da práxis.[247]

Considerando a intrínseca relação do trabalho do/a assistente social com as demandas da população negra, a conselheira do CFESS, Mauricléia Soares, no informativo anual do conjunto CFESS-CRESS,[248] pontuou:

---

[246] CFESS, 2011, p. 24.

[247] Achamos importante frisar de qual lugar estamos falando, no sentido de demonstrar concretamente que não se trata de abstrações teóricas, mas sim, de uma experiência concreta, teórico-prática de combate ao racismo no cotidiano do trabalho profissional. No livro que foi produzido enquanto produto final da campanha do CFESS "Assistentes Sociais no combate ao racismo" consta um pouco do nosso relato de experiência de combate ao racismo no CRAS do município de Guará (SP). Cf.: CONSELHO FEDERAL DE SERVIÇO SOCIAL (CFESS). Assistentes sociais no combate ao racismo. Disponível em: http://www.cfess.org.br/arquivos/2020Cfess-Livro-CampanhaCombateRacismo.pdf. Acesso em: 7 jun.. 2020.

No site do CFESS também há a notícia da campanha com nosso relato, tendo em vista que foi o primeiro relato a compor o rol de depoimentos de experiências de combate ao racismo pelos/as assistentes sociais nos espaços sócio ocupacionais. Cf.: CONSELHO FEDERAL DE SERVIÇO SOCIAL (CFESS). Assistente social: compartilhe sua história de combate ao racismo. 25 jan. 2019. Disponível em: http://www.cfess.org.br/visualizar/noticia/cod/1537. Acesso em: 26 maio 2020.

[248] CONSELHO FEDERAL DE SERVIÇO SOCIAL (CFESS). Quando se cortam direitos, quem é preta e pobre sente primeiro! maio 2019. Disponível em: http://www.cfess.org.br/arquivos/2019-ServicoSocialNoticia5-Web.pdf. Acesso em: 10 set. 2019.

> O trabalho de assistentes sociais tem relação direta com as demandas da população negra que reside nos morros, nas favelas, no sertão, no campo e na cidade. Estamos nos serviços públicos como os de saúde, educação, habitação e assistência social, que devem ser garantidos para toda população. Além dos números oficiais, a gente vê na prática que a maior parte das pessoas que atendemos nos equipamentos e serviços públicos são negras e pobres. Nossa intervenção precisa ter um olhar voltado não só para questões de classe, mas de raça e gênero.[249]

Entendemos, assim, que trata-se de uma questão fundante – para quem se identifica e possui compromisso ético-político com a direção assumida coletivamente pela profissão – tomar o racismo enquanto elemento chave para desvelar as demandas imediatas que se colocam no contexto do trabalho profissional e para construir mediações e respostas profissionais condizentes com as demandas desta população.

Por isso, concordamos com a famigerada frase de Ângela Davis quando diz que "numa sociedade racista, não basta não ser racista. É necessário ser antirracista."[250] Sobretudo para o Serviço Social que se propõe a contribuir na eliminação de toda forma de preconceito, discriminação, injustiças e opressão, tal como expresso nos valores do Código de Ética Profissional (1993). Nessa perspectiva, corroboramos com Rocha que:

> **Todas as reflexões que temos realizado acerca da temática étnico-racial têm como eixo estruturante os princípios do Código de Ética Profissional**, especialmente o princípio "opção por um projeto profissional vinculado ao processo de construção de outra ordem societária, sem dominação-exploração de classe, etnia e gênero" (CFESS, 1993, p. 1). **Buscamos assim, discutir essa questão a partir de uma perspectiva crítica do conjunto das relações sociais, nas quais a discriminação racial é atravessada por determinantes de classe, de gênero e de geração.** É sob o conceito de totalidade social que buscamos compreender o fenômeno do racismo e suas múltiplas expressões na sociedade brasileira.[251]

Eis, pois, que o Código de Ética dos/as assistentes socias (1993) se coloca enquanto referência fundamental para o combate ao racismo, a todas formas de opressão, dominação e injustiças. Esse documento expressa a direção ético-política da profissão, o projeto societário que

---

249 CFESS, 2019, p. 4.

250 BASILIO, Ana Luiza. Djamila Ribeiro: "Somos um país que nunca aboliu materialmente a escravidão". Carta Capital, 12 jan. 2020. Disponível em: https://www.cartacapital.com.br/sociedade/djamila-ribeiro-somos-um-pais-que-nunca-aboliu-materialmente-a-escravidao/. Acesso em: 23 jun. 2020.

251 ROCHA, 2009, p. 542. **(grifos nossos)**

defendemos e se coloca, sobremaneira nessa conjuntura adversa, como um instrumento jurídico-político fundamental que legitima e respalda a categoria profissional em seus posicionamentos e bandeiras de luta.

Sobre o Código de Ética e o fundamento das escolhas dos valores expressos nesse documento, a representante do CFESS alude que:

> [...] **os valores são escolhas concretas, eles vêm de questões concretas**, eles são objetivos. Então eu acho que tem aí uma questão da concepção ontológica subjacente ao debate ético político dos anos 90 que [...] **a gente não incorpora uma ética abstrata...** humanista. Ao contrário, a gente está consolidando uma ruptura com essa ética humanista, do humanismo abstrato e estamos tratando do humanismo o campo do histórico concreto. *Então foi bem importante que o código* [...] **nominasse do ponto de vista dos valores quais eram esses compromissos.** Então, o que genericamente estava lá com a classe trabalhadora e classe trabalhadora não é valor, classe trabalhadora é uma classe. Quais são os valores que dizem do nosso compromisso com uma sociedade emancipada? É essa que é a questão. **Tratar isso no campo da emancipação humana, e humana na sua radicalidade materialista, tem que olhar quais são as expressões concretas dessa humanidade para além do trabalho e articuladas a ele, então tendo isso como fundamento.**[252]

A participante da ABEPSS ratifica a importância do nosso Código de Ética, dizendo que ele revela o que defendemos enquanto categoria e também contribui para a construção da autoimagem dessa profissão.

> Eu acho que o nosso código de ética, é um código de ética extremamente abrangente e ele **traz valores sociocêntricos que dão sustentação para aquilo que a gente defende enquanto profissão** e ali é uma expressão... eu acho que um código de ética apesar dele não dever ser prescritivo – e nem é visto dessa forma – mas **eu acho que ele expressa sobretudo da porta para fora o que** *é essa profissão... Como que ela se auto define a partir dos seus próprios pares.* Então eu acho que assim, *é fundamental ter lá entre os princípios a questão racial, ter lá a questão de uma sociedade livre de qualquer forma de opressão e exploração de gênero, de raça, de etnia, ser contra qualquer forma de discriminação.*[253]

Esse Código define radicalmente quais são as escolhas feitas por essa profissão, demarcando que se trata de escolhas concretas, que assumem um lado muito nítido na luta de classes. Posição essa, que é fruto do processo histórico de construção da atual direção social hegemônica da profissão que, sem dúvidas, é um legado que deve ser preservado e fortalecido cotidianamente. Nas palavras de Mota:

---

[252] Entrevista com o CFESS. (**grifos nossos**)

[253] Entrevista com a ABEPSS. (**grifos nossos**)

> Este processo tem filiação teórico-metodológica com matriz marxiana e plasma uma direção ético-política cujo produto intelectual – mais do que uma intenção – expõe, na altura do presente século, uma ruptura com as origens tradicionais da profissão, possibilitando o surgimento de uma cultura e ideologia profissionais de esquerda que, dialeticamente, negam as investidas do já conhecido conservadorismo burguês.[254]

Incontestavelmente, a história do Serviço Social no Brasil é marcada por uma trajetória de lutas e resistências na busca pela construção de bases de sustentação que contrapõem sua gênese. Sendo assim, para continuarmos no campo emancipatório do projeto profissional, em sintonia com esses valores éticos e políticos que apontam para uma ordem social sem dominação e opressão, é imperioso que sejamos antirracistas.

Como evidenciado anteriormente, a sociedade em sua "normalidade" é racista, uma vez que o racismo estrutura as relações sociais e se apresenta enquanto uma forma de racionalidade. Exatamente por isso, mais que não sermos racistas, é preciso que combatamos o racismo cotidianamente – construindo estratégias que evidenciem as desigualdades étnico-raciais que se expressam no âmbito das instituições em que estivermos atuando – e que possamos criar condições coletivas de enfrentamento ao racismo institucional, visto que:

> Ele ratifica e perpetua as relações de dominação de determinado grupo racial sobre outro, reproduzindo e reforçando estereótipos raciais. Sua capacidade de ação é nefasta e pode estar presente em qualquer instituição, seja ela pública ou privada. Pode expressar-se tanto numa situação de omissão quanto ação de violação de direitos, por meio de atitudes e comportamentos de descaso, indiferença, negligência, descompromisso e exclusão.[255]

Compreendemos, porém, que ainda temos muito o que avançar no entendimento da necessidade de combate ao racismo institucional no cotidiano profissional. A pesquisa realizada pelo CRESS-SP[256] evidencia isso de forma inquietante. Esse Conselho Regional, através do Comitê da Campanha Assistentes Sociais no Combate ao Racismo, realizou uma enquete de no-

---

254 MOTA, 2016, p. 167.

255 ROCHA, 2009, p. 548-549.

256 Trata-se de uma pesquisa inicial, mas que aponta dados fundamentais para refletirmos sobre os desafios do combate ao racismo no cotidiano profissional. Para acesso aos dados preliminares disponibilizados, confira: CONSELHO REGIONAL DE SERVIÇO SOCIAL DE SÃO PAULO (CRESS). 9ª região. Análise Preliminar dos dados da enquete. Disponível em: http://cress-sp.org.br/wp-content/uploads/2019/05/Ap resenta%C3%A7%C3%A3o-Enquete-Comite-Combate-ao-Racismo.pdf. Acesso em: 26 maio 2020.

vembro de 2018 a abril de 2019, composta por questões abertas e fechadas, que tinha como objetivo identificar o pertencimento racial da categoria e como esta percebe a questão étnico-racial na relação com os/as usuários/as.

Participaram 426 pessoas dessa pesquisa, das quais 54% se autodeclararam negras e, ainda que se trate apenas de um Estado e esse quantitativo represente apenas uma amostra, entendemos que esse elemento é fundamental para refletirmos acerca da expressiva mudança do perfil da categoria profissional, quando comparado à pesquisa feita pelo CFESS em 2004 e publicada em 2005[257] que evidenciava que 72,14% dos/as assistentes sociais brasileiros/as eram brancos/as e apenas 24,33% negros/as. Além disso, compreendemos que esse dado é mais um dos fatores que coloca a imprescindibilidade dessa discussão ser tomada como central para a categoria, visto que "[...] a população negra é a usuária majoritária do Serviço Social e a categoria de assistentes sociais constituída por parcela significativa de mulheres negras."[258]

A pesquisa também evidenciou que 34% dos/as profissionais já passaram por situações que remetem a preconceito/discriminação racial durante o trabalho profissional. Nesse aspecto, reproduzimos algumas das falas apresentadas nos dados preliminares disponibilizados pelo CRESS-SP:

> "a paciente achou que a minha função e da outra colega que estava naquele plantão atendendo, era de faxineira e não de A/Social."
>
> "em reuniões de serviço dou uma opinião que passa desapercebida e vem outra pessoa branca e fala a mesma coisa e é validado, ou então repetem a mesma coisa que acabei de dizer para validar a minha fala."
>
> "Dificuldade da equipe profissional aceitarem uma chefia negra. Os usuários procurarem outro profissional para ser atendidos sendo eu a responsável pelo atendimento."
>
> "Enquanto técnica Social a coordenadora do equipamento fez referências pejorativas ao meu cabelo."
>
> "Pelo fato de ser indígenas alguns colegas de trabalhos, técnicos de enfermagem, enfermeiros e outros me tratavam com indiferença, como se eu fosse inferior, tive muitas vezes q me impor até conseguir o devido respeito."[259]

---

257 Pesquisa disponível em: CONSELHO FEDERAL DE SERVIÇOS SOCIAL (Org.). Assistentes Sociais no Brasil: elementos para o estudo do perfil profissional. Brasília: CFESS, 2005.

258 ROCHA, 2009, p. 555.

259 CONSELHO REGIONAL DE SERVIÇO SOCIAL (CRESS) – 9º Região. Análise Preliminar dos Dados da Enquete. São Paulo, 2019 Disponível em: http://cress-sp.org.br/wp-content/uploads/2019/05/Apresenta%C3%A7%C3%A3o-Enquete-Comite-Combate-ao-Racismo.pdf. Acesso em: 19 maio 2020.

Outra informação importante é que 10% não foram escolhidos/as para cargos ou indicações para representações externas em razão do seu pertencimento étnico-racial. Sobre isso, uma das participantes da enquete diz que:

> "Não foi dito explicitamente, mas ficou claro quando minha coordenadora fez um comentário (em tom de brincadeira) dizendo que jamais poderia ir numa reunião usando essas "coisas" que eu uso, fazendo referência a tranças, faixas e lenços (que por sinal ela sempre generaliza e chama de forma pejorativa de turbante)."[260]

Esses elementos comprovam que o racismo, enquanto elemento estrutural da nossa sociedade, se expressa enquanto algo inerente à dinâmica das instituições – afetando não apenas a população usuária do serviço, mas também os/as profissionais. Sobre esse aspecto, Eurico em seu artigo *A percepção do assistente social acerca do racismo institucional* relata algumas dessas experiências de profissionais que sofreram racismo na instituição. Nesse aspecto, concordamos que:

> O racismo, por si só, é perverso e desencadeia relações sociais profundamente desumanas e continua a se reproduzir cotidianamente no início do século XXI. Quando ele perpassa o cotidiano das instituições, a situação torna-se ainda mais complexa e cristalizada, configurando-se como racismo institucional. [261]

Essa mesma pesquisa do CRESS-SP também mostra que 49% dos/as profissionais já presenciaram situações de preconceito/discriminação sofrido por usuários/as, porém, contraditoriamente, 61% disseram que em seus espaços sócio ocupacionais não há nenhuma atividade ou discussão com a população usuária sobre a questão étnico-racial.

Acerca do quesito raça-cor nos instrumentais de atendimento à população, 35% relata que isso não é contemplado nos formulários. Algumas das falas que justificam o motivo pelo qual não há esse quesito dizem o seguinte:

> "Porque não faz diferença a cor do usuário para os meus atendimentos";
> "Porque não é relevante"
> "O Serviço Social até o momento não identificou essa necessidade"
> "Porque o quesito em tela não contempla algo que possa diferenciar qualquer tipo de atenção."

---

260 CONSELHO REGIONAL DE SERVIÇO SOCIAL (CRESS) – 9º Região. Análise Preliminar dos Dados da Enquete. São Paulo, 2019 Disponível em: http://cress-sp.org.br/wp-content/uploads/2019/05/Apresenta%C3%A7%C3%A3o-Enquete-Comite-Combate-ao-Racismo.pdf. Acesso em: 19 maio 2020.

261 EURICO, 2013, p. 298.

"A empresa onde trabalho, graças a Deus, mantém uma postura de igualdade, sem distinção de raça."
"Na área da saúde pública, o atendimento é igual a todos."[262]

Esses posicionamentos são extremamente preocupantes e expressam uma contradição desmedida colocada para a profissão: se identificamos que a maioria da população que atendemos é negra; que sofrem tratamento desigual por seu pertencimento étnico-racial; como não travar ações de combate ao racismo nas instituições enquanto parte fundamental do trabalho profissional? Como não contemplar o quesito raça-cor nos instrumentais enquanto forma de traçar o perfil da população, com vistas a levantar dados para subsidiar a promoção de políticas antirracistas? Dessa maneira, concordamos que:

> A ausência ou o não preenchimento do quesito cor nos instrumentos de registro e geração de informação da saúde, ou de qualquer outro serviço público, nos aponta uma das muitas outras formas de expressão do racismo no Brasil, que é o silêncio das informações relativas à cor/raça como um forte mecanismo de invisibilidade racial.[263]

Por isso, ratificamos que temos muito o que avançar no combate ao racismo institucional. Tal tarefa, não pode ficar restrita aos/às profissionais ou pesquisadores/as negros/as: deve ser compromisso de todos/as que acreditam e defendem a direção emancipatória do Serviço Social, até porque o/a profissional sendo ou não negro/a, irá lidar e atender a população negra em seu cotidiano.

Chamamos a atenção para o combate ao racismo no cotidiano profissional, pois sendo o racismo sempre estrutural,[264] ele se coloca enquanto um elemento que integra a organização política e econômica da sociedade. Nesta direção, ele compõe o cotidiano da vida e também se espraia nas instituições, na forma de racismo institucional, como demonstrado.

> [...] os conflitos raciais também são parte das instituições. Assim, a desigualdade racial é uma característica da sociedade não apenas por causa da ação isolada de grupos ou indivíduos racistas, mas fundamentalmente porque as instituições são hegemonizadas por determinados grupos raciais que utilizam mecanismos institucionais para impor seus interesses políticos e econômicos.[265]

---

262 CONSELHO REGIONAL DE SERVIÇO SOCIAL (CRESS) – 9º Região. Análise Preliminar dos Dados da Enquete. São Paulo, 2019 Disponível em: http://cress-sp.org.br/wp-content/uploads/2019/05/Apresenta%C3%A7%C3%A3o-Enquete-Comite-Combate-ao-Racismo.pdf. Acesso em: 19 maio 2020.

263 ROCHA, 2009, p. 548.

264 ALMEIDA, 2018.

265 ALMEIDA, 2018, p. 30.

Nesse sentido, conforme debate realizado anteriormente, é fundamental a compreensão do racismo enquanto elemento que estrutura e conforma as relações sociais no país, haja vista seu processo peculiar de formação social em que teve a escravidão negra como elemento central.

Se não discutimos sobre isso, certamente nossas ações no cotidiano profissional vão contribuir para a reprodução do racismo institucional, na medida em que não teremos o devido olhar para essa questão e, tão logo, não construiremos habilidades profissionais que alcancem as reais demandas da população, que em sua maioria é negra.

É importante sinalizar que esse nosso posicionamento tem o objetivo de colocar para todo conjunto da categoria – no sentido de continuidade do que alguns/mas pesquisadores/as já vem sinalizando há longas datas – a necessidade de coletivamente tomarmos para nós a responsabilidade e compromisso de avançarmos no debate étnico-racial na formação, bem como na qualificação do trabalho profissional para o combate ao racismo institucional.

Logo, não se trata de uma análise individualizada e/ou de uma responsabilização pessoal aos/às profissionais que, ainda, não conseguiram construir esse entendimento e, ao nosso ver, coerência ético-política. Obviamente, não podemos perder de vista que nós, assistentes sociais, também somos trabalhadores/as assalariados/as e estamos submetidos/as a todos os desafios e constrangimentos postos ao mundo do trabalho.

Nessa direção, a participante do CFESS pontua acerca dos desafios para avançarmos no enfrentamento ao racismo no cotidiano de trabalho:

> **Primeiro tem o massacre do trabalho, o cotidiano de trabalho da gente é um massacre**, eu acho que a gente tem que sair desse lugar [...] muitas vezes na universidade o que existe é só o julgamento, "ah o profissional conservador... ah o não sei o que" [...]. **A gente tem que ir lá onde os assistentes sociais estão... [...] a universidade tem uma ferramenta importante todo tempo para fazer isso que são os campos de estágios**, e como você, a partir dali, você aproxima aqueles sujeitos de uma **necessidade de capacitação permanente, porque o assistente social só vai se dar conta de que ele precisa se mexer nesse cotidiano, a partir da educação permanente.** Eu acho que isso é a chave [...]. Porque o cotidiano é um massacre, é um volume de demandas imensas para atender, recurso quase nenhum, dois ou três vínculos de trabalho para dar conta, tem quase tempo nenhum para conhecer nada daquilo que você está fazendo, para conhecer a população, para ter dados sobre isso, para fazer e propor, não têm... as pessoas ganham muito mal e elas precisam de mais de um vínculo de trabalho, e elas tem mais de um vínculo de trabalho. Elas vão dois dias da semana para um lugar e três dias para outro. **Isso é obje-**

tivo, é real. Então, a gente não pode idealizar o trabalho profissional, achar que não está fazendo porque ele não quer fazer, é um massacre. Sem contar isso, da temporalidade determinada de quanto tempo você fica ali, que você não cria nenhum tipo de vínculo... com o território, com o serviço, com a população, com a família, nada. Então, é muito difícil. O projeto que a gente tem para nossa profissão nas atuais condições de trabalho... É barra pesadíssima. Então, **eu acho que a gente precisa valorizar cada iniciativa que essas pessoas são capazes de ter, nesse cotidiano que é tão massacrante. Eu acho que tem que sair desse lugar do julgamento, tem que aproximar e tem que aproximar a partir das condições de trabalho concretas.**[266]

Essa fala é de fundamental importância para compreendermos que os limites e desafios postos ao trabalho profissional, também são atravessados por determinantes conjunturais e objetivos, que são dados pela trama da própria dinâmica da realidade social. Sendo assim, não podemos negar que somos atravessados/as cotidianamente por essas questões.

> Problematizar o trabalho do assistente social na sociedade contemporânea supõe pensálo como parte alíquota do trabalho da classe trabalhadora, que vende sua força de trabalho em troca de um salário, submetido aos dilemas e constrangimentos comuns a todos os trabalhadores assalariados, o que implica ultrapassar a visão liberal que apreende a prática do assistente social a partir de uma relação dual e individual entre o profissional e os sujeitos aos quais presta serviços.[267]

Por essa razão, não podemos perder isso de vista no horizonte da análise, para que não incorramos em nenhum equívoco ao estabelecermos as reflexões acerca dos desafios para o combate ao racismo no cotidiano do trabalho do/a assistente social. Mas, dialeticamente, ao mesmo tempo em que somos afetados/as objetivamente por essa realidade massacrante enquanto trabalhadores/as assalariados/as, é preciso lembrar que assumimos hegemonicamente um lado na luta de classes e na defesa intransigente dos direitos da população usuária.

Nessa direção, concordamos com Raichelis que "[...] para além das dimensões objetivas que conferem materialidade ao fazer profissional, é preciso considerar também as dimensões subjetivas."[268] Isto é, apesar dos limites concretos da realidade social e institucional, há que se levar em consideração a identificação ou não do/a profissional com o projeto emancipatório do Serviço Social. Portanto, coadunamos que:

---

266 Entrevista com o CFESS. **(grifos nossos)**
267 RAICHELIS, 2011, p. 425-426.
268 RAICHELIS, 2011, p. 429.

> O trabalho profissional, na perspectiva do projeto éticopolítico, exige um sujeito profissional qualificado capaz de realizar um trabalho complexo, social e coletivo, que tenha competência para propor, negociar com os empregadores privados ou públicos, defender projetos que ampliem direitos das classes subalternas, seu campo de trabalho e sua autonomia técnica, atribuições e prerrogativas profissionais. Isto supõe muito mais do que apenas a realização de rotinas institucionais, cumprimento de tarefas burocráticas ou a simples reiteração do instituído. Envolve o assistente social como intelectual capaz de realizar a apreensão crítica da realidade e do trabalho no contexto dos interesses sociais e da correlação de forças políticas que o tensionam; a construção de estratégias coletivas e de alianças políticas que possam reforçar direitos nas diferentes áreas de atuação [...] na perspectiva de ampliar o protagonismo das classes subalternas na esfera pública.[269]

Compreendemos, assim, que atuar na direção emancipatória do nosso projeto profissional, coloca o/a assistente social em constante tensão e disputa no interior das instituições. Não obstante, é preciso sinalizar que essa tensão permanente não é novidade para nós desde que rompemos com o monopólio conservador no âmago profissional e construímos uma direção sociopolítica para profissão, que se vincula a outro projeto societário. Por isso, como já mencionado com base em Iamamoto e Carvalho, é fato que atuamos na malha contraditória entre capital e trabalho.[270]

Enquanto possibilidades concretas para criação de estratégias de combate ao racismo no cotidiano profissional, como sinalizado pela representante do CFESS, acreditamos que a educação permanente seja uma alternativa fundamental para fortalecimento e capacitação teórico-metodológica, ético-política e técnico-operativa numa perspectiva antirracista. E, nesse entorno, considerando a realidade na qual nós, assistentes sociais, estamos submetidos/as no mundo do trabalho, é preciso também que nos articulemos com as lutas mais gerais dos/as trabalhadores/as por melhores condições de vida e trabalho e, fundamentalmente, construir a luta com os setores antirracistas.

Em razão do que foi exposto, entendemos que não é possível sermos fiéis à direção construída pela profissão, assentada na tradição marxista, a qual se propõe fazer uma análise numa perspectiva crítica, de totalidade, captando o conjunto de complexos que conformam a realidade social, desconsiderando o racismo enquanto elemento fundante desta sociabilidade, pois ele estrutura e conforma nossas relações sociais no Brasil.

---

269 RAICHELIS, 2011, p. 427-428.
270 IAMAMOTO; CARVALHO, 1995.

É nessa sintonia, e por sermos profissionais que atuamos diretamente com a população usuária dos serviços, que precisamos compreender o tamanho de nossa responsabilidade com as vidas humanas. Assim, se de fato acreditamos – e defendemos – outro mundo possível, uma ordem societária igualitária, fraterna e livre, em que as pessoas sejam respeitadas nas suas diferenças, precisamos nos colocar nessa luta diária pela derrocada do capital, pelo fim das opressões – e aqui destacamos a de raça-etnia – e bradarmos coletivamente que: vidas negras importam!

PROJETO ÉTICO-POLÍTICO E SUA DIREÇÃO EMANCIPATÓRIA: CONTRIBUIÇÃO DAS ENTIDADES DA CATEGORIA NO COMBATE AO RACISMO

Numa sociedade racista não basta não ser racista. É necessário ser antirracista.

Ângela Davis

FUNDAMENTOS ÉTICO-POLÍTICOS DO PROJETO PROFISSIONAL, ANTIRRACISMO E O PAPEL DAS ENTIDADES NA MANUTENÇÃO DO LEGADO CONSTRUÍDO PELO SERVIÇO SOCIAL BRASILEIRO

A direção sociopolítica hegemônica do Serviço Social Brasileiro, gestada a partir da década de 1980 após um intenso processo de renovação profissional,[271] se assenta num projeto de profissão – o qual denominamos de Projeto Ético-Político (PEP) que, de acordo com Netto se caracteriza fundamentalmente pela recusa e crítica ao conservadorismo no interior profissional e apresenta uma perspectiva muito nítida, que aponta para a direção de outra ordem societária. Tal projeto:

> [...] se posiciona a favor da equidade e da justiça social, na perspectiva da universalização do acesso a bens e a serviços relativos às políticas e programas sociais; a ampliação e consolidação da cidadania são explicitamente postas como garantia dos direitos civis, políticos e sociais das classes trabalhadoras. Correspondentemente, o projeto se declara radicalmente democrático – considera a democratização como socialização da participação política e socialização da riqueza socialmente produzida.[272]

Desta forma, evidencia qual a direção da luta que a profissão deve trilhar. É com base nesse horizonte estratégico que nos últimos anos, a categoria de assistentes sociais brasileiros/as tem construído, calca-

---

[271] Para maior aprofundamento, ver: NETTO, J. P., 2010.

[272] NETTO, 1999, p. 16.

da no legado marxiano e na tradição marxista, uma densidade teórico-metodológica, ético-política e técnico-operativa, que apreende com radicalidade o entendimento que nos remete à compreensão da necessidade da luta pelo fim da propriedade privada dos meios de produção.

Como sinalizado brevemente no capítulo anterior, essa nova direção sociopolítica assumida pela categoria profissional tem como principal marco político o III Congresso Brasileiro de Assistentes Sociais (CBAS), denominado como Congresso da Virada, que ocorreu em 1979. Esse momento representou literalmente a "virada de mesa" do Serviço Social brasileiro, haja vista que a partir de então "[...] os profissionais se reconhecem como parte da classe trabalhadora em sua condição de assalariamento, partícipe do trabalho coletivo, e se inserem nas grandes mobilizações e lutas sociais do país."[273]

Esse momento demarca concretamente, de forma emblemática, pública e coletiva, a ruptura da profissão com o monopólio conservador que por tanto tempo foi a referência para os/as assistentes sociais no Brasil. Pela primeira vez na história da profissão, esta assume um posicionamento político que se coloca na contramão dos interesses das classes dominantes. Sendo assim,

> O III Congresso não trouxe a categoria profissional para a cena política, da qual ela nunca esteve ausente: **trouxe para a cena política os componentes democráticos até então reprimidos na categoria profissional.** E se o fez tardiamente, a responsabilidade deve ser debitada à força do conservadorismo que, derrotado naquele episódio histórico, nem por isto viu suprimida a pesada e duradoura hipoteca que impôs e impõe ao Serviço Social no Brasil.[274]

Nesse aspecto, concordamos com Netto que após esse episódio o Serviço Social nunca mais foi o mesmo nesse país.[275] A partir de então, abre no seio profissional um momento radicalmente novo, uma vez que as implicações deste congresso gestaram os determinantes necessários para a construção dessa nova direção social da profissão, que se expressa no que denominamos de Projeto Ético-Político do Serviço Social. Entendemos ser fundamental demarcar a relevância do III CBAS, especialmente nesse momento em que a profissão acabou de comemorar 40 anos da Virada do Serviço Social brasileiro, em 2019, sendo esse, inclusive, o tema do 16º CBAS que ocorreu em Brasília-DF.

---

[273] ABRAMIDES, 2019, p. 22.

[274] NETTO, 2009, p. 669. (**grifos nossos**)

[275] NETTO, 2009.

Portanto, a partir desse salto ontológico que o Congresso da Virada conferiu à profissão, por compreender a necessidade de fortalecer a luta pelos interesses do conjunto mais geral dos/as trabalhadores/as, foi possível a edificação deste projeto coletivo para o Serviço Social, assentado na construção de outra ordem societária, radicalmente oposta à do capital. Para Abramides:

> A origem do *Projeto Ético-Político Profissional*, concebido nos anos 90, e sua **direção sociopolítica** deitam raízes nas lutas da classe trabalhadora pelos seus interesses imediatos [...], acoplados à luta contra a ditadura e à construção da democracia em articulação aos seus interesses históricos expressos nas lutas anticapitalista, anti-imperialista e socialista.[276]

Tal projeto é fruto de um processo coletivo e histórico de lutas de todo conjunto de profissionais assistentes sociais no exercício da docência e no campo, bem como do segmento estudantil pela construção de hegemonia no interior da profissão e possui uma direção – a qual deve ser objeto de permanente defesa, uma vez que se trata de um legado do Serviço Social no Brasil.

De acordo com Teixeira e Braz, um dos elementos que garantem a materialidade do Projeto Ético-Político profissional é a dimensão político-organizativa.[277] Na compreensão dos/as autores, há três componentes que objetivam os elementos constitutivos desse projeto:

I. produção do conhecimento no interior do Serviço Social;
II. as instâncias político-organizativas da profissão;
III. a dimensão jurídico-política.

Destacamos aqui a importância das instâncias político-organizativas, as quais referem-se aos fóruns de deliberação das entidades que compõe a profissão – ABEPSS, CFESS/CRESS e ENESSO –, bem como associações profissionais, organizações sindicais e demais espaços de luta. São nestes espaços políticos-organizativos que "[...] são consagrados coletivamente os traços gerais do projeto profissional, onde são reafirmados (ou não) compromissos e princípios."[278]

É importante mencionar que essa organização política da profissão, a qual se estabelece enquanto um dos elementos que dão sustentação ao PEP, também se expressa "para fora", ou seja, na articulação da profissão com os movimentos sociais e as diversas lutas da classe trabalha-

---

276 ABRAMIDES, 2006, p. 28.
277 TEIXEIRA ; BRAZ, 2009.
278 TEIXEIRA; BRAZ, 2009, p. 8.

dora. Nesse entorno, é importante destacar que algumas das assistentes sociais que foram pioneiras na discussão étnico-racial na profissão, trouxeram esse debate para o Serviço Social a partir de sua inserção no movimento negro. Sobre esse histórico da articulação entre profissão x movimento social, a representante do GTP relata:

> De fato, **dentro de uma concepção crítica, de um debate crítico sobre a questão racial é óbvio que ela vai se materializar de uma forma competente e no final dos anos 80. Justamente no bojo da luta pela redemocratização [...]. O serviço social brasileiro vai se posicionar frente ao racismo de uma forma crítica no final dos anos 80,** uma vez que o movimento negro brasileiro através do MNU, que só após sua primeira expressão, faz isso no final dos anos 70, reforçando a ideia de democracia racial como um mito. Reforçando também o caráter racista do estado brasileiro. **Eu me lembro que eu participei de todos esses processos do final dos anos 80,** da constituição da marcha de 88, e foi uma estratégia muito bem conduzida pelo MNU [...] **não é à toa que mulheres negras se encontram no congresso de 89, depois dos cem anos da farsa da abolição. São mulheres que não se conheciam, são mulheres que vão parar no mesmo grupo de trabalho do congresso que era sobre conjuntura internacional, porque não tinha o eixo de raça, não tinha eixo de gênero, não tinha eixo de sexualidade não tinha nada.** Todas essas expressões, de uma forma inteligente, mas havia uma compreensão – isso que eu acho importante ressaltar – que os supostos, eu vou dizer supostos, movimentos identitaristas, como alguns chamam, **na verdade todas nós estávamos em um movimento pela redemocratização, pela reabertura democrática, contra as opressões de toda forma.** Então era o despertar do movimento LGBT, despertar do movimento negro, era o despertar do movimento de mulheres e de movimentos feministas. **Ora, em um país como o nosso de 389 anos de escravidão, quase 400 anos, o último da América a abolir o regime escravista,** depois temos uma ditadura na primeira república, depois vamos ter ditadura Vargas, vamos até 45 com ditadura. **Nós vivemos dez anos, sei lá, quinze anos, sobre a égide de uma possível democracia, depois mais anos de ditadura militar... É compreensível que a gente quando saísse tivesse um rumo meio que tentando recuperar esse passado. Até porque a democracia racial era a lógica que reinava na análise da sociedade brasileira.**[279]

É notório, desta forma, que a direção sociopolítica do PEP traz uma inerente sintonia e articulação com as lutas sociais e isso se expressa no depoimento acima da entrevistada, visto que ela evidencia concretamente que na efervescência das lutas sociais no país, no contexto da redemocratização – mesmo período em que a profissão consolida de

---

[279] Entrevista com o GTP. **(grifos nossos)**

forma hegemônica sua direção social atrelada às lutas mais gerais da classe trabalhadora – o Serviço Social se articula com o movimento negro, construindo a luta antirracista de forma aguerrida.

Nesse sentido, frisamos a importância dessas assistentes sociais que, a partir de sua inserção no movimento negro, não só potencializaram como contribuíram para dar concretude a esse projeto profissional. Ora, se compreendemos que a classe trabalhadora no Brasil tem cor, a inserção da profissão na luta antirracista, ao nosso ver, é fator decisivo para coroar essa direção sociopolítica construída pela profissão a partir da década de 1980.

Compreendemos também que essas mulheres negras foram as responsáveis para estabelecer a articulação entre as entidades da categoria – nesse caso abaixo o CRESS-RJ – com o movimento negro, colocando a profissão num patamar de respeitabilidade e reconhecimento no contexto da luta antirracista carioca.

> O CRESS daquela época me elege presidenta. Quero lhe dizer que fiquei com muito medo, o racismo faz a gente recuar. Aí eu não aceito a presidência e assumo a vice, mas eleita pelo voto presencial [...] que assim que a gente chamava, fui eu. Então eu vou, **eu fico na chapa desde que questão racial seja agenda**. Então nós ganhamos a chapa de 87 no CRESS do Rio de Janeiro, com a pauta racial de 87 porque eu já estava organizada [...]. Aí eu vou para o CRESS com o intuito de fazer um debate racial e foi assim tranquilo, **foi o período que mais aquele CRESS se enfurnou em luta social e a gente construiu a marcha de 88** [...]. **A gente foi para todos os espaços do Rio de Janeiro com um movimento social, ganhamos uma respeitabilidade do movimento negro carioca muito grande**. Então nós passamos 87, construímos a marcha de 88 [...]. Então que te digo Tales, que **a questão racial sempre esteve presente e eu acho que depois que a gente saiu da ditadura**, e a gente pode falar o que a gente achava, **que a gente teve reforço coletivo, não necessariamente do Serviço Social,** não necessariamente, **mas eu acho que a gente pode reconhecer no potêntico da luta de classes o racismo como estruturante dessas relações**.[280]

Esse momento, portanto, marca a história do Serviço Social brasileiro na articulação com as lutas dos/as trabalhadores/as, a destacar a luta antirracista, apesar da questão étnico-racial ainda demorar um longínquo tempo, a partir daí, para ter uma maior visibilidade e concretude no interior das entidades profissionais – conforme explicitaremos posteriormente.

---

[280] Entrevista com o GTP. **(grifos nossos)**

Nessa perspectiva, destacamos a importância da dimensão político-organizativa enquanto fator elementar para garantir – ou não – a continuidade da direção sócio-política construída nas últimas décadas pelo Serviço Social brasileiro. A organização política da profissão é balizada nas três entidades que compõem a categoria e também na articulação com outras lutas sociais da classe trabalhadora que nos inserimos enquanto assistentes sociais.

Não se pode falar em categoria profissional excluindo uma destas entidades, pois é esta articulação entre as três que se constitui enquanto sustentáculo ético-político e ideológico, construído coletiva e historicamente, no âmago profissional. A unidade entre as entidades possibilita a manutenção e fortalecimento da direção sociopolítica da profissão no Brasil. Como sustenta Ramos:

> Tais entidades materializam uma ação política que é um dos fatores que garantem a possibilidade de manutenção da direção social deste projeto coletivo que se vincula a um projeto societário comprometido com o fim da exploração/dominação dos seres humanos, ou seja, com a emancipação humana.[281]

Assim, a articulação entre ABEPSS, CFESS/CRESS e ENESSO, representa um legado histórico da profissão no cenário brasileiro, o qual necessita ser cotidianamente preservado e fortalecido. Também se configura enquanto um patrimônio político que contribui, inclusive, para uma cultura política democrática no seio profissional.

> A articulação entre essas entidades e o nível de organização dos segmentos profissional e estudantil é referendada como um patrimônio político, historicamente conquistado na profissão e que contribui efetivamente para a construção de uma cultura política democrática no âmbito do Serviço Social.[282]

Torna-se imperativo que, cada vez mais, desenvolvam-se ações coletivas entre as entidades com vistas a fortalecer esta unidade que vem sendo construída historicamente. Nas últimas décadas, essa relação de construção coletiva e unidade entre as entidades, expressou-se em diversos momentos decisivos para a profissão como, por exemplo, nos processos de mobilização e construção de espaços a nível nacional para discussão e elaboração do Código de Ética profissional de 1993, das Diretrizes Curriculares da ABEPSS de 1996. Outro elemento que se configura enquanto uma das principais expressões desta articulação é a organização conjunta de eventos, dentre os quais, destacam-se os Congressos Brasileiros de Assistentes Sociais (CBAS).

---

281 RAMOS, 2011, p. 114.

282 RAMOS, 2011, p. 114.

Ademais, há longas datas, as entidades vêm encampando conjuntamente diversas lutas coletivas o que, fundamentalmente, contribui e enriquece a perspectiva da unidade entre formação e trabalho profissional, cujas ações pautam-se na defesa de uma educação pública, gratuita, laica, de qualidade, socialmente referenciada, bem como na defesa de condições para um trabalho profissional de qualidade.

> Neste sentido, o CFESS, a Abepss e a Enesso têm se articulado em favor da defesa: das diretrizes curriculares; da qualidade dos cursos de graduação e pós-graduação; da indissociabilidade entre ensino, pesquisa e extensão; da articulação entre formação e exercício profissional do(a) assistente social; enfim, da defesa do projeto de formação construído coletivamente pela categoria profissional, que teve como marco o Currículo Mínimo de 1982. Por outro lado, as entidades têm se posicionado contrárias a várias questões, tais como: exame nacional de cursos (provão); mestrados profissionalizantes; cursos sequenciais e a graduação a distância em Serviço Social.[283]

Considerando que as entidades profissionais do Serviço Social, a partir de uma articulação e sintonia político-ideológica, constroem ações unificadas com vistas a contrapor a lógica de educação como mercadoria, o aligeiramento do processo de formação, o ensino à distância e, principalmente, a manutenção do legado construído coletivamente pela profissão no Brasil, concordamos com Duarte que:

> [...] as ações das entidades se inserem na perspectiva do fortalecimento do movimento de resistência à privatização da educação superior, assim como se somam à luta em defesa da educação como direito, tencionando processos e contribuindo para manter acesa a direção social do PEPP, pautado em um projeto societário comprometido com a luta da classe trabalhadora.[284]

Importante destacar que esta relação entre as entidades se constitui numa relação eminentemente política, ou seja, não está isenta de embates e contradições e, dependendo da perspectiva de quem estiver à frente das entidades, as disputas e os conflitos poderão surgir. Assim, concordamos que:

> Os conflitos também podem aparecer em alguns momentos na relação entre as entidades, pois comparecem, neste processo, diferentes forças políticas nas direções das entidades e, por vezes, surgem divergências e dificuldades nas articulações entre as entidades nacionais. A relação entre as entidades não está isenta de tensões e conflitos.[285]

---

[283] RAMOS, 2011, p. 116.
[284] DUARTE, 2019, p. 170.
[285] RAMOS, 2011, p. 120.

São os/as militantes das entidades que garantirão – ou não – a unidade política entre a ABEPSS, o conjunto CFESS/CRESS e a ENESSO sendo, portanto, imprescindível que estes/as saibam reconhecer as contradições e as diferentes perspectivas nesta relação sem, contudo, perder de vista a direção social da profissão.

Compreendemos também que os conflitos podem surgir não apenas entre as entidades, mas no interior de cada uma delas, visto que o pluralismo é um fator presente na arena de qualquer luta política e espaço coletivo. Nesse entorno, concordamos com Netto que "[...] a afirmação e consolidação de um projeto profissional em seu próprio interior não suprime as divergências e contradições."[286] Exatamente por esse motivo, que "o processo de resistência não se constitui como um movimento linear, mas dinâmico, contraditório, marcado por avanços e recuos, conquistas e derrotas."[287] Mas compreendemos também que, nesse processo, possuímos responsabilidade ético-política na defesa e manutenção da direção do Serviço Social brasileiro.

Acerca das tensões e desafios no interior das entidades, mais especificamente no que concerne ao debate étnico-racial, a entrevistada da ABEPSS nos apresenta um fato que é importante refletirmos. Nos relata que no momento em que a gestão – 2017-2018 – foi discutir acerca dessa pauta, especialmente da implementação das cotas na pós-graduação, não houve um consenso de todos/as os/as membros.

> A gente fez uma gestão bem ativa, e aí **começamos a fazer esse debate internamente também com pontos de vista muito diferenciados, sobretudo no debate das cotas na pós, ao ponto de dizer que era uma deliberação da direção**, que não se tratava de abrir um processo de consulta as unidades para saber se a ABEPSS encampava ou não o debate da cota na pós. Era uma deliberação da direção e a direção iria dialogar com as unidades, mas com uma proposta [...] não com uma consulta se era pertinente ou se não era. **A gente tem acúmulo coletivo suficiente para dizer que as políticas afirmativas, inclusive elas são deliberações do conjunto CFESS/CRESS**, e nós somos assistentes sociais, docentes, mas assistentes sociais [...]. **Então se a gente já tem como pressuposto que as políticas afirmativas são bandeiras importantes de serem encampadas pro conjunto e a categoria, nós somos conjunto da categoria**, embora uma entidade que tenha uma finalidade de desenvolvimento acadêmico-científico e político.[288]

---

286 NETTO, 1999, p. 5.
287 DUARTE, 2019, p. 175.
288 Entrevista com a ABEPSS. **(grifos nossos)**

Essa divergência interna relatada merece nossa reflexão acerca de como estamos materializando e construindo a direção emancipatória do Projeto Ético-Político que, hegemonicamente, nos colocamos na trincheira de sua defesa. A direção desse projeto é nitidamente evidenciada, ou seja, não deixa dúvidas sobre qual o lado que devemos marchar. Se coletivamente a categoria profissional construiu um posicionamento a favor das políticas de ações afirmativas[289] e, ainda, há tensões e polêmicas em torno desse debate, é preciso que recuperemos e não percamos de vista os fundamentos desse projeto.

Nesse sentido, se faz mister salientar o significado histórico e o legado que essa relação/articulação representa, principalmente em tempos de acirramento do conservadorismo e da fragmentação das lutas sociais, o que tende ao distanciamento do horizonte estratégico delineado pelo Serviço Social nas últimas décadas. Portanto, retomar os elementos históricos constitutivos desta articulação, ressaltando a tarefa política de cada entidade, bem como sua organização, no âmago da categoria profissional, é fundamental para se traçar estratégias com vistas a garantir e fortalecer a manutenção deste legado.

A representante da ENESSO também nos alude sobre algumas dessas dificuldades no âmbito da militância estudantil:

> Hoje eu fico muito preocupada com determinados espaços da ENESSO sabe? Em relação a questão de gênero, e nos dois últimos anos eu vejo de uma forma muito evidente a questão étnico-racial aparecendo sabe? De uma forma muito assustadora, não só pensando pelo lado da opressão né? São estudantes racistas, mas também pensando em como a gente está combatendo esse tipo de ação. Através do escracho, através da violência [...]. E aí eu vejo que a formação política dos sujeitos, ela está muito preocupante, está de uma forma muito desastrosa porque a gente vem defender, a gente aponta um posicionamento crítico, da teoria social crítica de Marx, a gente vai enxergar a sociedade de uma forma, certo? Mesmo eu sendo negra, eu não vou participar de todos os movimentos negros porque tem alguns que são antagônicos ao que eu defendo. E aí, eu acho que essa criticidade, ela não tem sido fomentada ou ela não tem sido exercida nas bases [...] a executiva hoje está dessa forma, eu acho que é por conta disso. Porque não tem sido debatido, não tem sido

---

[289] Importante destacarmos que desde o 39º Encontro Nacional do Conjunto CFESS/CRESS, realizado em 2010 em Florianópolis (SC), a categoria se posicionou favorável às políticas de ações afirmativas. Ver mais em: CONSELHO FEDERAL DE SERVIÇO SOCIAL (CFESS). 39º Encontro Nacional termina com importantes decisões e desafios para a categoria. Disponível em: http://www.cfess.org.br/visualizar/noticia/cod/472. Acesso em: 26 maio 2020.

> fomentada nas bases. Então eu acho isso um grande problema, **então a formação tanto política quanto profissional [...], é um dos fatores que contribui sabe?** [...]. É de não conseguir compreender as diferenças, por exemplo, é porque é um movimento negro, eu sou mulher negra então eu vou e é isso aí... **Mas é um movimento negro liberal [...]. Será que esse movimento é o que visa só a questão do empoderamento, se empoderar nessa sociedade vai adiantar? Só se empoderar?**[290]

Esse relato nos evidencia alguns dos entraves internos na ENESSO, dos quais destacamos dois: estudantes que reproduzem racismo no interior do movimento estudantil, e estudantes que buscam articulação com segmentos do movimento negro que não dialogam com a direção social do PEP. Ambas questões são extremamente preocupantes, haja vista que são esses/as estudantes que em pouco tempo estarão engrossando as fileiras da categoria como assistentes sociais e entendemos que a manutenção – ou não – da direção hegemônica da profissão está condicionada, sobremaneira, a essa nova geração que está se formando.

Obviamente que a direção do projeto profissional que defendemos é hegemônica e não homogênea e isso implica que outras tendências teóricas disputem essa direção. Ademais, também é preciso lembrar que "[...] o pluralismo é um elemento factual da vida social e da própria profissão, que deve ser respeitado."[291] Sendo assim, precisamos entendê-lo enquanto um fenômeno da vida social, o qual perpassa todas as esferas da vida material. Todavia,

> [...] este respeito não deve ser confundido com uma tolerância liberal para o ecletismo, não pode inibir a luta de ideias. Pelo contrário, o verdadeiro debate de ideias só pode ter como terreno adequado o pluralismo que, por sua vez, supõe também o respeito às hegemonias legitimamente conquistadas.[292]

Dessa forma, é preciso termos nítido que o pluralismo está presente no interior da profissão e deve ser respeitado – não é à toa que esse é um dos princípios do Código de Ética profissional. Contudo, como aludido pelo autor, esse respeito não pode implicar ecletismo, tampouco a negação da hegemonia construída coletivamente no âmago profissional, a qual é caudatária de um longo processo de lutas e resistências para edificação de novas bases de sustentação para o Serviço Social brasileiro.

---

290 Entrevista com a ENESSO. **(grifos nossos)**

291 NETTO, 1999, p. 6.

292 NETTO, 1999, p. 6.

Além disso, independentemente da identificação ético-política com a direção hegemônica da profissão, é inadmissível a reprodução do racismo em qualquer lugar que seja. É necessário, deste modo, refletirmos sobre como tem se dado o processo de formação profissional desses/as estudantes. Como discutimos no capítulo anterior, sabemos que o debate étnico-racial enfrenta significativos grilhões para ser incorporado com a devida necessidade e coerência no processo formativo dos/as assistentes sociais.

Por isso, compreendemos que esse pode ser um dos fatores que interferem e/ou contribuem para essa reprodução do racismo, na medida em que isso não é tratado na formação profissional; bem como na filiação dos/as estudantes com setores do movimento negro de viés liberal – o que mais uma vez nos convoca a tomar para nós esse debate com a necessária seriedade e comprometimento ético-político se, de fato, desejamos fortalecer o projeto emancipatório do Serviço Social.

> [...] **se a gente olha a sociedade brasileira ou qualquer outra sociedade, mais principalmente em relação a nossa particularidade, sem o gênero, sem a questão de classe e sem a étnico-racial, a gente não vai estar fazendo uma análise. Não faz. E essa galera acha que "nossa, espera aí, eu sou militante do movimento negro e isso basta e é só isso". Não é só isso, é muito mais, sabe?** E aí enquanto ENESSO isso é um grande problema porque é necessário formar novos quadros. Só que esses novos quadros não estão interessados a analisar dessa forma, até porque não tem aquela clareza teórica e metodológica que a Yolanda Guerra vem falando da importância, entendeu? E como que a gente faz isso? E também o cotidiano ele é... ele massacra a gente, o dia a dia é muito complicado. Porque a gente tem que estudar ainda as disciplinas... **E as disciplinas não trazem isso da forma que deveriam trazer, porque não tem consonância com as diretrizes da ABEPSS. Então são diversos elementos que contribuem pra que a gente não consiga avançar da forma que deveria avançar** [...]. Só que **a ideia de vivência, ela sobressai a questão de fundamentação** [...] **se a gente continuar vendo a questão étnico-racial enquanto um tabu, a gente não vai pra frente.** É isso que eu acho que tanto na ENESSO vem trazendo, quanto na profissão também.[293]

Destarte, a fala da estudante que participou da pesquisa corrobora com essa necessidade acerca da qualificação da formação profissional para uma necessária compreensão de gênero-raça-classe de forma indissociável, haja vista que são elementos que, especialmente na sociedade brasileira, se constituem como uma amálgama e, numa coerência com o nosso projeto de profissão, não podem ser vistos de forma desassociada. Desse modo, a qualificação da formação profissional também reflete na qualificação da formação teórico-política no âmbito do movimento estudantil.

---

[293] Entrevista com a ENESSO. (**grifos nossos**)

O Projeto Ético-Político profissional, enquanto um horizonte estratégico calcado num projeto de classe a ser alcançado, precisa ser concebido numa perspectiva de totalidade da realidade social, bem como de todas as contradições que a perpassam – e em nosso caso brasileiro, não tratar do racismo é, conforme dito por Moura, escamotear o que estrutura nossa formação.[294] Nesse aspecto, concordamos com a representante do GTP que:

> A questão racial na formação é pensar a sociedade brasileira, a gente não está fora. Ou está na relação reproduzindo e reforçando, como no início da profissão, ou como muitas vezes eu acho, **mesmo a esquerda do serviço social não quis pegar essa questão. Não deu conta por conta de leituras extremamente economicistas da constituição da classe brasileira, classe trabalhadora brasileira.** O problema para mim não é nem identificar a classe, quem é essa classe. Não é nem só essa questão, mas entender a história dentro da classe, ou seja, **é possível pensar, por exemplo, que nos trezentos e cinquenta anos de escravidão não havia luta de classe? O trabalho escravo não é trabalho? Como é que pega esses anos de violência que foi o Brasil e não pensa que isso vai influenciar a constituição do capitalismo brasileiro, ou seja, a questão social.** E como é que essa questão social vai se consolidar. **Então eu penso que faltou leitura, teve muita leitura equivocada,** leitura da realidade. E foi aquilo que você disse, é incoerente você trabalhar uma perspectiva de totalidade e não colocar a raça como estruturante das relações da formação socio histórica brasileira e como é que isso rebate hoje por exemplo [...]. O que explica aquele menino ser chicoteado? Ah bota a culpa no Bolsonaro? Não. **Essa prática de violação sempre existiu,** que é a memória estruturada dessas relações que vão dizendo o tempo todo, olha você não pode sair desse lugar, o seu lugar é esse. Quando a gente fala em invisibilidade, para mim é o que o Silvio fala do racismo estrutural. O racismo estrutural, ele transforma o que a pessoa diz que é patológico. Não é, é a máquina do capital. **O capital azeita sua máquina com racismo, o capital azeita a sua máquina com sexismo, homofobia, isso é normal.** O anormal é [...] nossa luta que hoje está sendo contestada por um governo fascista, e a sociedade está legitimando, a sociedade está naturalizando, entende? É muito complexo, aquilo que a gente achou que estava ganho, não estava ganho.[295]

Essa enérgica e importantíssima exposição narrada pela entrevistada, mais uma vez se coloca pra nós enquanto necessária para um profundo processo de reflexão e autocrítica que precisamos fazer. Precisamos "passar nossa história do Serviço Social a limpo" no que diz respeito à devida importância que precisaria ter sido dada à questão étnico-racial.

---

294 MOURA, 1983.

295 Entrevista com o GTP. **(grifos nossos)**

Sobretudo, no atual momento extremamente adverso que vivenciamos em todos os âmbitos da vida social, em que a população negra é a mais afetada, precisamos nos fortalecer e criar unidades estratégicas no adensamento do PEP da profissão. E isso não é possível ser feito se a questão étnico-racial e a luta antirracista não estiverem na "ordem do dia" da formação e trabalho profissional, sendo pautada constantemente pelas entidades da categoria.

Somente assim, é que podemos pensar na construção coletiva de mediações para esse fortalecimento. Por isso, é tarefa imperativa de todos/as profissionais que acreditam na direção emancipatória da profissão, construir esta luta e aqui ressaltamos o papel central e estratégico das entidades!

Até porque, como mencionado acima, a direção social estratégica que dá sustentação ao Projeto Ético-Político profissional, trata-se de uma construção hegemônica. E, por isso, implica dizer que há outros projetos que disputam esta direção no âmbito da profissão. Hegemonia não significa maioria, mas sim, a possibilidade de garantir direção. Direção esta que, neste contexto de avanço estarrecedor do conservadorismo, de retomada de pensamentos e práticas fascistizantes, pode estar ameaçada!

> Reflexos desse avanço expressivo do conservadorismo no âmago profissional, por exemplo, são as manifestações em oposição à direção do conjunto CFESS-CRESS nas redes sociais – direção esta que é construída coletiva e democraticamente nos espaços políticos-organizativos da categoria. Não raras vezes, presenciamos posicionamentos [...] de Assistentes Sociais, repudiando as postagens referentes às bandeiras de lutas do conjunto, o que é de extrema preocupação, haja vista que estas bandeiras expressam a consonância ética e política com o Projeto Ético-Político profissional. Temas como a legalização do aborto e das drogas, ações em defesa dos direitos da população LGBT tem suscitado muitas discussões e polêmicas.[296]

Vivenciamos no cerne da categoria profissional sérios questionamentos a esta direção hegemônica que nos colocamos radicalmente na trincheira de luta pela sua defesa. A postura destes/as profissionais que criticam os posicionamentos das entidades acerca de determinados temas, os quais representam o posicionamento coletivo da categoria, é extremamente preocupante e deve ser analisado também a partir do processo de precarização da formação e trabalho profissional, do distanciamento das Diretrizes Curriculares da ABEPSS (1996) na formação, bem como dos processos de construção da luta política, considerando ser essa um dos elementos que sustentam nosso projeto de profissão.

---

296 CAPUTI; FORNAZIER MOREIRA, 2017, p. 25.

Dessa forma, concordamos com a ex-dirigente da ENESSO que além da necessidade de reivindicar por uma formação profissional antirracista, é preciso articular isso junto às bases, pensando nos espaços de militância. Em suas palavras: "então a gente tem que se alinhar e também pensar em como fomentar isso nas bases, principalmente enquanto ENESSO, pra além da formação profissional, pensar também nos espaços de militância."[297]

Nesta direção, é válido dizer que a participação em espaços de luta política, dentro e fora da profissão, contribui de forma inconteste para o fortalecimento da organização política da categoria, do projeto de formação e profissão defendidos e, não obstante, fortalecem a luta pela construção de outra ordem societária – o que possui intrínseca relação com o Projeto Ético-Político profissional. Tal organização, é fundamental para o Serviço Social construir estas mediações, pois tal como nos aponta Yazbek:

> [...] a profissão é interpelada e desafiada pela necessidade de construir mediações políticas e ideológicas expressas sobretudo por ações de resistência e de alianças estratégicas no jogo da política em suas múltiplas dimensões, por dentro dos espaços institucionais e especialmente no contexto das lutas sociais.[298]

Neste contexto de barbárie, o cotidiano profissional nos convoca cotidianamente ao fortalecimento ético e político-organizativo, para que não caiamos numa condição de descrença das possibilidades profissionais. Assim, se faz necessária a organização nos espaços institucionais, bem como fortalecendo as entidades da profissão, desenvolvendo ações de resistência, construindo alternativas para a formação e o trabalho profissional mas, sobretudo, a organização em espaços para além da profissão, como movimentos sociais, sindicatos e partidos políticos que tem, também como horizonte estratégico, a construção de outra sociabilidade e que coloquem a pauta do combate ao racismo enquanto necessária e determinante para a superação do capital.

> **A sociedade está andando para trás a passos largos [...] há uma dificuldade de compreensão de conceitos elementares cada vez maior e um conservadorismo cada vez maior também, que atravessa a população brasileira e a gente está aqui, somos parte dela.** Isso chega na formação com muita dificuldade, **cada vez mais dificuldade de descolar das pautas que são mais imediatistas**, a pauta econômica é mais imediata. Hoje se você fala para as assistentes sociais, o que mais mobiliza são os salários, são os contratos, ok, são mesmo, é disso que a gente vive. **Mas fazer a conexão disso com outras mediações tem sido um árduo trabalho, por isso que a gente está**

---

297 Entrevista com a ENESSO.
298 YAZBEK, 2014, p. 686.

convencido no CFESS de que a estratégia de falar do combate ao racimo na formação é bem importante para já começar a trabalhar algumas coisas mas, fundamentalmente, a gente precisa falar a partir do lugar do trabalho também. A classe trabalhadora tem passado por isso de modo geral, então não dá para gente falar de racismo em abstrato como uma pauta. Como um movimento, como movimento negro faz. O movimento negro tem o seu papel no sentido do combate como movimento tem uma forma de fazer. A gente, porque é um conselho de profissão, estamos falando como profissionais, a gente tem que falar disso a partir do lugar do trabalho.[299]

Conforme evidenciado pela representante do CFESS, o cenário que vivenciamos é extremamente infausto e isso causa rebatimentos diretos na profissão, haja vista não estarmos alheios/as à toda essa dinâmica. Indubitavelmente, o contexto hodierno é perpetrado pelo avanço de forças antidemocráticas, discursos de ódio, pensamentos e práticas fascistas, reacionárias, e isso também se expressa enquanto ressonâncias do modo de produção capitalista que, no seu processo de crise estrutural, lança mão de diversas estratégias para sua manutenção, dentre as quais, a radicalização das ações conservadoras e a regressão de direitos. O capital com sua lógica destrutiva segue:

> [...] aprofundando a exploração do trabalho, o desemprego estrutural e conjuntural, instituindo novas formas de trabalho precário e destruindo direitos conquistados historicamente pelos trabalhadores, entre outros, esse processo intervém na vida dos indivíduos, criando demandas e respostas à insegurança vivenciada objetiva e subjetivamente na vida cotidiana.[300]

Nessa trama de inumeráveis retrocessos – que, vale repetir, acometem mais intensamente a população negra – o conservadorismo se espraia fortemente no bojo da sociedade, cumprindo uma importante função na manutenção do capital, haja vista que "[...] o conservadorismo moderno cancela a possibilidade de construção de qualquer projeto societário alternativo à sociabilidade vigente."[301]

Sendo assim, trata-se de um pensamento conservador que potencializa a lógica destrutiva do capital e suas consequências desumanizadoras, tendo em vista que empreende ações para a manutenção da ordem, contrapondo-se a qualquer mudança significativa e estrutural. Isso tem incidência direta nas relações sociais cotidianas. Relações que estão embebidas de racismo, visto que o capital se utiliza dele como forma de potencializar sua exploração e dominação.

---

299 Entrevista com o CFESS. (**grifos nossos**)
300 BARROCO, 2011, p. 206.
301 SOUZA, 2015, p. 205.

Dessa forma, a tática que a representante do CFESS apresenta sobre como enfrentar o racismo nesse contexto descivilizatório e de destruição de direitos, é extremamente importante considerando a especificidade da entidade. Por isso, falar do enfrentamento ao racismo a partir do trabalho profissional é muito estratégico, tal como é estratégico (e necessário) a articulação com o contexto mais amplo das lutas sociais.

Concordamos com Yazbek, portanto, que a construção histórica da direção social da profissão nos dá legitimidade e capilaridade organizativa inédita para construção das lutas necessárias nos espaços institucionais de atuação, no âmbito das entidades da categoria e que, em um âmbito mais amplo da luta política, nossa inserção e protagonismo, contribuem com as lutas mais gerais da classe trabalhadora, na direção de outra sociabilidade.

> Em síntese, esta *legitimidade política e capilaridade organizativa* inédita nos permitem afirmar e atribuir às nossas organizações um caráter de intelectual coletivo, capaz de articular, organizar e pactuar a presença de assistentes sociais nas lutas coletivas e em movimentos sociais mais amplos, na direção da construção de outra ordem societária.[302]

Enquanto sujeito histórico e coletivo, inserido/a em lutas sociais mais amplas, o/a assistente social pode contribuir no processo de construção de mediações que se vincule a outro projeto de sociedade. Contudo, tal contribuição só se consolida na medida em que coletivamente construirmos a consciência de classe, na direção e coerência do Projeto Ético-Político profissional.

Exatamente por trazer o debate para o campo das possibilidades de construções coletivas, que avocamos e destacamos o papel fundamental das entidades para se garantir a direção crítica do Serviço Social brasileiro. As três entidades – ABEPSS, CFESS/CRESS e ENESSO – se complementam, no sentido de suas atribuições e especificidades e isso é determinante para o fortalecimento desta luta coletiva da categoria.

A ABEPSS é responsável por coordenar o debate sobre a formação profissional, com base nas Diretrizes Curriculares de 1996, trazendo a indissociabilidade entre ensino, pesquisa e extensão, bem como a articulação entre graduação e pós-graduação. O conjunto CFESS/CRESS tem como responsabilidade a orientação, fiscalização, normatização, disciplinamento e acompanhamento do exercício profissional e vem, há longas datas, contribuindo com a materialização de ações políticas, na convergência com a direção social da profissão, a qual está atrelada às lutas mais gerais da classe trabalhadora. A ENESSO, por sua vez, tem como responsabilidade a mobi-

---

[302] YAZBEK, 2014, p. 690.

lização e organização política dos/as estudantes no âmbito do Movimento Estudantil de Serviço Social (MESS) – e este acaba se tornando um lócus privilegiado de formação teórica e política de estudantes que, não raras vezes, ocuparão futuramente espaços de representação nas demais entidades da categoria, bem como em outros setores de esquerda.

Assim, apesar das entidades possuírem objetivos e finalidades diferentes, elas possuem o mesmo horizonte estratégico, o qual está vinculado a um projeto de sociedade anticapitalista. Eis, portanto, a necessidade imperativa do fortalecimento desta articulação, pois, concordando com Ramos:

> Essa relação da Enesso com a Abepss e o CFESS enriquece o contato do segmento estudantil com a realidade da formação e do exercício profissional, através da participação conjunta em eventos, atividades e lutas coletivas, em cujos acontecimentos pauta-se a defesa de condições dignas para a materialização de uma formação e de um trabalho com qualidade.[303]

Além disso, é pela histórica articulação política entre estas entidades que o Serviço Social tem construído, coletivamente, uma plataforma de lutas de maneira a fortalecer a profissão no cenário brasileiro e seu projeto profissional hegemônico, voltado para práticas emancipatórias e libertárias.

CONTRIBUIÇÃO DAS ENTIDADES DA CATEGORIA NO COMBATE AO RACISMO NO BIÊNIO 2017-2018

Nesse conjunto de práticas emancipatórias e libertárias se coloca, fundamentalmente, as ações voltadas para o enfrentamento ao racismo. É importante destacarmos que, apesar de historicamente a profissão não ter trazido pra si a questão étnico-racial com a centralidade e importância que entendemos que seria necessário, é inegável que nos últimos tempos, em razão das lutas travadas no interior da categoria, esse debate tenha tido avanços extremamente significativos, passando a ser explicitado de forma mais contundente pelas entidades do Serviço Social. Nessa direção, a participante do GTP alude que:

> **Eu acho que as entidades, de um modo geral, já vêm cumprindo o seu papel.** Por todas as tensões existentes, obviamente, todas as vezes que a gente ganha a pauta, a gente já ganha a pauta porque a gente tem pessoas que vão fazer a mediação [...] A gente tem um lugar privilegiado dessa relação com a população. **Se todas nós acreditássemos que, de fato, o racismo é estruturante, a gente teria desenvolvido tecnologias** – aí eu estou entendo a teoria também como tecnologia – **capazes de fazer uma**

---

[303] RAMOS, 2011, p. 120.

leitura crítica de totalidade social. E que tivesse reconhecido que essa forma de expressão de questão social é também resistência.[304]

Desse modo, apesar das tensões e contradições internas que também estão presentes nas entidades, como em todo espaço de luta coletiva, estas vem cumprindo um papel fundamentalmente importante e necessário para fortalecer o debate étnico-racial no âmbito da categoria.

Não é nosso propósito e objetivo realizar aqui uma recuperação e apresentação de todas as ações realizadas pelas entidades da profissão – ABEPSS, conjunto CFESS-CRESS e ENESSO – ao longo de seus percursos históricos. Destacamos, nesse sentido, as principais ações que foram realizadas no período 2017-2018 em relação a essa questão – haja vista ser esse o período que delimitamos para essa pesquisa.

Antes de apresentar essas ações, destacamos a relevância da dissertação de mestrado da Kajali Lima Vitorio, defendida em 2019 na UNIFESP Baixada Santista, intitulada *O debate racial na agenda política do Conselho Federal de Serviço Social (CFESS)*.[305] Vitorio realiza um estudo do processo de incorporação da questão étnico-racial na agenda do conselho, e o faz com base na análise dos principais documentos, tais como: relatórios de gestão e de encontros nacionais, campanhas, cartilhas e CFESS Manifesta, e destaca que:

> O ano de 2010 foi o ponto de virada do debate racial no CFESS. A entidade trouxe a temática racial para o centro dos debates realizados no Encontro Nacional daquele ano e passou a publicar o CFESS Manifesta no dia da Consciência Negra.[306]

Nesse sentido, apesar de algumas ações – importantes – realizadas anteriormente, de forma mais pontual e sem tanta capilaridade, como demonstrado na pesquisa relatada, observamos que apenas recentemente, a partir de 2010, que a questão étnico-racial ganhou uma maior relevância e centralidade nas ações e posições do CFESS.

Considerando o período delimitado para nossa pesquisa, no que concerne ao CFESS, compreendemos como principal marco a campanha de gestão do conjunto CFESS-CRESS, 2017-2020, "Assistentes Sociais no combate ao racismo". Ousamos dizer, sem muito medo de errar, que essa campanha é o principal marco histórico, no âmbito da luta antirracista, construído até hoje pelo Serviço Social brasileiro, vis-

---

304 Entrevista com o GTP. (**grifos nossos**)

305 VITORIO, 2019.

306 VITORIO, 2019, p. 79.

to que trata-se de uma campanha aprovada coletivamente pelo conselho federal e por todos os regionais do país – o que mais uma vez não nos deixa dúvidas de que essa questão deve ser central para nossa profissão. No site oficial da campanha, o conselho explica seu propósito:

> O trabalho de assistentes sociais tem relação direta com as **demandas da população negra** que reside nos morros, nas favelas, no sertão, no campo e na cidade. Assistentes sociais estão nos serviços públicos como os de saúde, educação, habitação e assistência social, que devem ser garantidos para toda a população. **O combate ao preconceito** é inclusive um **compromisso do Código de Ética dos/as Assistentes Sociais.** Por isso, a campanha de Gestão (2017-2020) do Conselho Federal de Serviço Social e dos Conselhos Regionais de Serviço Social (Conjunto CFESS-CRESS), **Assistentes Sociais no Combate ao Racismo**, aprovada no fórum máximo deliberativo da categoria em 2017, tem o intuito de debater o racismo no exercício profissional de assistentes sociais. Ao dar centralidade a este debate, queremos incentivar a promoção de ações de combate ao racismo no cotidiano profissional de assistentes sociais, ampliando a percepção sobre as diversas expressões do racismo.[307]

Nessa direção, ratifica a intrínseca relação dessa luta com o nosso projeto profissional e sua direção emancipatória, não sendo possível pensar em fortalecer esse projeto sem encampar a luta contra o racismo. Ademais, também nos confirma a autenticidade, atualidade, firmeza ideológica e coerência ético-política das nossas escolhas profissionais – centrando-se especialmente nos princípios aludidos no Código de Ética do/a assistente social (1993). Sobre isso, a entrevistada do CFESS diz que foi exatamente esse documento que chancelou as possibilidades para sustentação da campanha:

> Então a justificativa está lá, foi bem importante essa sacada que o conjunto foi tendo e a gente só mantive a tradição na verdade, de explorar os aspectos políticos subjacentes ao nosso código de ética, que sempre teve uma fundamentação política ideológica, sempre esteve lá. **A nossa ética não é a ética da neutralidade, então esse compromisso está lá explícito e a gente pinça de lá no fundamento da nossa ação política.** Então falar da proibição ética de qualquer tipo de reprodução de preconceito, para nós é uma mão cheia de possibilidade de ação política. **A campanha de combate ao racismo sai daí,** porque os preconceitos ali nominados está o preconceito racial, de gênero, enfim, de orientação sexual, basicamente são esses três, mas **daí decorre uma agenda política na qual a gente foi se comprometendo ao longo do tempo.** Tem muito

---

307 CONSELHO FEDERAL DE SERVIÇO SOCIAL (CFESS). Serviço Social contra racismo. Disponível em: https://servicosocialcontraracismo.com.br/. Acesso em: 26 maio 2020.

> material produzido antes dessa campanha que fala de diversas expressões de combate ao preconceito [...]. **Então, é ir sacando as mediações que estão lá, genéricas, pra gente ir transformando isso em ação concreta do cotidiano do profissional. A gente tem um fundamento e, de fato, sem o código de ética nada disso seria possível**, porque ele foi uma porta aberta pra gente encontra essas mediações de como traduzir esse compromisso político, afirmado há quarenta anos, em pautas concretas, que interessam a população usuária que a gente atende hoje.[308]

Deste modo, o Código de Ética de 1993 apresenta valores que não deixam dúvidas sobre de *qual lado* e a serviço de quem a profissão está, sua direção sociopolítica, bem como qual o projeto de sociedade a ser construído. Estabelece princípios ético-políticos que caminham para a construção de uma sociedade anticapitalista, livre, emancipada política e humanamente, isenta de exploração, opressão de raça-etnia, gênero; se reafirmando cotidianamente na construção desses valores e de uma atuação profissional coerente com os mesmos.

Neste cenário temeroso e de barbárie que vivemos, deve ser tarefa imperativa, de todos/as que acreditam na direção emancipatória da profissão, resgatar o debate no campo da radicalidade marxista em defesa deste legado crítico construído pela categoria nas últimas décadas. Sobre isso, a entrevistada menciona que "a grande preocupação que a gente tem em tempos de tanto retrocesso, é falar disso de modo mais concreto de um lado, e de outro lado assegurar que politicamente essa direção continue se reproduzindo como tal."[309]

Compreendemos que apesar de desafiadora – tendo em vista o contexto de intensificação do ódio, da barbárie e dos processos cada vez mais descivilizatórios que repercutem e atingem também a profissão – essa campanha traz um diferencial e uma contribuição imensurável para a categoria, no sentido do fortalecimento da luta antirracista e, por conseguinte, do PEP. Acerca da capilaridade e potência da campanha, a entrevistada nos conta que:

> **Às vezes as ações do CFESS como entidade federal, elas não têm a mesma capilaridade de uma ação que é do conjunto.** Então quando a gente resolve no CFESS, a gente tem autonomia como regionais tem de a fazer algumas ações. Por exemplo, a gente fez os cadernos de combate ao preconceito na gestão anterior, lá tem um volume sobre o racismo [...] essa campanha, como fez o movimento que eu te descrevi, **a gente conseguiu sacar que tinha chão, tinha vontade política dos regionais também em dar visibilidade para essa**

---

308 Entrevista com o CFESS. (**grifos nossos**)

309 Entrevista com o CFESS.

pauta. Então eu acho que foi um pouco isso que **na hora que a gente soltou a proposta de campanha, foi uma das coisas mais bonitas de ver aprovar no encontro nacional de 2017, eu vi e a ansiedade das pessoas [...]. Eu acho que isso tem um peso muito importante na campanha. Identifica a ação sabe? Você anda o Brasil de ponta a ponta, você vê as pessoas, vê os cartazes, vê as camisetas...** No espaço de trabalho o cartaz com o selo da campanha. Então você associa isso a um bloco de ações e isso fica mais visível, entende? Outra coisa é quando isso é deliberação do conjunto e envolve os regionais, porque isso de fato vira ação política orquestrada no conjunto e dá um outro lugar mesmo para ação política.[310]

Em virtude disso, compreendemos que essa campanha atende a uma vontade coletiva da categoria profissional, na medida em que também era demanda dos CRESS e dos/as profissionais Brasil afora. Por todo esse movimento de capilaridade e adesão acima relatado, de agora em diante, essa questão tem tudo para se tornar central à profissão, como já deveria ser há tempos. Essa campanha também nos possibilitou retomar e reforçar a articulação histórica (e necessária) da profissão com o movimento social — nesse caso o movimento negro — o que dá sustentação e legitimidade à direção social da profissão.

A gente queria fazer um ato para conversar com a população, a gente não queria fazer uma coisa no auditório para chamar as assistentes sociais. **Vamos para rua, vamos ficar na Cinelândia distribuindo panfleto e falando para as pessoas que os assistentes sociais combatem ao racismo.** Essa era a ideia do ato. E aí, chamar, **articular com o movimento negro porque era no vinte, era no dia da consciência, na véspera do dia da consciência, e a gente queria participar do ato da consciência junto com o movimento [...]** sabe o que facilitou a conversa? Um material da campanha. Porque eles viam e diziam "Ah menino... ó que interessante." e acharam bonito e queriam. A gente não parava com esses bottons, no fim do ato eu não tinha botton porque todo mundo "aí que lindo, me dá" e eu dava, saía distribuindo. Todo mundo na verdade. **O movimento veio, abriu espaço a gente participou do ato na estátua de Zumbi dos palmares lá do Rio [...]. Eles deram fala para gente no ato, mas foi um processo de messes articulando, indo para as reuniões, explicando a proposta do ato, para convidar, para dizer porquê, porque eles são muito desconfiados e não é por acaso,** então como é que vem uma assistente social aqui... Sabe lá que tipo de imagem eles tem de assistente social? **Então foi um processo de desconstrução a partir mesmo de contatos concretos,** da gente mostrar a nossa pauta, as nossas bandeiras e conversando e eles entenderem. O material visual foi determinante.[311]

---

310 Entrevista com o CFESS. (**grifos nossos**)

311 Entrevista com o CFESS. (**grifos nossos**)

Destarte, essa experiência evidencia a amplitude da campanha, o salto de qualidade que ela possibilitou à profissão, visto que a partir dela foi aberta um canal de interlocução, não só com um setor significativo da categoria, mas com o movimento negro. E isso é mister e estratégico para o adensamento do Projeto Ético-Político do Serviço Social.

Na continuidade dessas reflexões, a representante do CFESS expõe que:

> **Agora obvio que eu não tenho a ilusão de achar que isso atingiu em massa os profissionais, ainda não.** Por isso que já agora nessas avaliações dos descentralizados, **há uma preocupação de como que vai ficar essa pauta no próximo triênio,** porque ela deixa de ser uma campanha de gestão. **E aí a próxima gestão vai pensar sua própria campanha de gestão, mas o fato é a ação política que ela desencadeou...** [...] **ela deu muita visibilidade de um modo geral sim para esse debate na profissão, mas ela ainda não chegou nos profissionais como ela precisa chegar.** Então, tem uma tarefa aí de dar um desdobramento pra isso que a gente começou na campanha de gestão, que fica pra ser formulado como proposta para esse novo triênio. **Mas ainda assim eu acho que foi um efeito bem bonito de ver acontecer e é muito interessante de ver... Como ela é uma deliberação nacional ela tem repercussão em todos os estados e a gente conseguiu agregar** [...] **meu grande desejo hoje é ver isso chegar e mexer com o cotidiano do trabalho dos assistentes sociais, fazerem eles andarem pelo território.** Porque a gente tem a nossa capacidade de dialogar... **precisa sair, a gente não tem que ficar esperando o usuário vir, a gente tem que ir lá, tem que andar, tem que conhecer essa realidade, tem que falar com eles e se a gente não faz isso, a gente está abrindo mão de fazer parte importante do trabalho que é nosso.** É isso, a gente tem que pensar como profissional então... **dali do seu local de trabalhador assalariado, o que você pode fazer?** Acho que tem coisas muito concretas que a gente consegue fazer, **principalmente conversando, fazendo trabalho de base, indo conversar com as pessoas porque eu acho que a gente não pode abrir mão** [...] então, meu grande desejo hoje é ver isso acontecer, disseminar...[312]

Nesse aspecto, percebemos que demos um grande e importante passo na história da profissão e na sua articulação com a luta antirracista. Contudo, temos como tarefa principal, a partir de agora, continuar fomentando o debate junto com as bases, construindo ações coletivas de combate ao racismo, fazendo a relação dessa pauta com nosso cotidiano de trabalho profissional, qualificando nossas intervenções para que sejamos, de fato, antirracistas – o que a nosso ver é primordial e imprescindível para avançarmos cada vez mais no fortalecimento do nosso projeto hegemônico de profissão.

---

[312] Entrevista com o CFESS. (**grifos nossos**)

E essa campanha nos coloca um terreno fértil de possibilidades para fazer essa discussão, de nos articular e criar vínculo com a população usuária, pois é uma pauta que mobiliza, que toca, pois diz respeito à própria condição de existência dessas pessoas.

> Eu acho que assim, **na hora que a gente começar experimentar, fazer determinadas ações de provocar a população sobre se pensar nesse lugar, sobre mobilizar em relação a esse lugar, eu acho que a gente vai entender que isso é uma ferramenta de mobilização foda.** Porque todos eles têm histórias para contar sobre isso. **É muito difícil que você converse com alguém preto no serviço, que ainda não tenha passado por algum tipo de constrangimento porque é preto.** Então isso precisa ser feito e a gente está perdendo essa informação. Além de perder informação no nível da pesquisa, do registro o que é no serviço, mas de potência de fazer essa pessoa se indignar. E aí é com essa população sim, a partir dessa dinâmica racial sim, porque **tem que mostrar o que está por traz disso, que é o estado de guerra, o extermínio...** O extermínio é a população sobrante, "você não serve para nada, tem que morrer". **Morrer de fome ou morrer de violência, morrer de fome no campo, morrer de violência na cidade.** Os seus filhos... [...] **falar de filho para essa população mobiliza muito, eu vejo. A ferramenta de mobilização do movimento de mulheres negras é o genocídio da juventude, elas estão perdendo os filhos delas. Falar disso para a mãe de periferia mobiliza muito e aí a gente não está falando,** porque a gente não enxerga que essa mãe está tendo a dor da perda do seu filho de morte ou de droga... E é racismo.[313]

No que tange as principais ações desenvolvidas pela ABEPSS no período de 2017-2018, destacamos a construção dos subsídios para o debate étnico-racial na formação em Serviço Social[314] e a construção do documento de orientação sobre a implementação das cotas na pós-graduação.[315]

Sem dúvidas esses dois documentos são os principais marcos na história da categoria, no que diz respeito ao avanço desse debate na graduação e pós-graduação – haja vista que é a primeira vez que essa entidade constrói elementos com esse teor para nortear o debate étnico-racial na formação graduada e também constrói orientações em relação as cotas para a pós.

Sobre as cotas na pós-graduação, de acordo com o documento, trata-se de uma:

---

313 Entrevista com o CFESS. (**grifos nossos**)

314 ABEPSS, 2018a.

315 ABEPSS, 2018b.

Ação deliberada no planejamento da gestão "Quem é de luta, resiste!" (biênio 2017-2018) com a proposição de criação da Comissão de Trabalho sobre cotas articulada ao GTP que trata da questão. O grupo se debruçou na elaboração desse documento inicial, no primeiro semestre de 2017, com o objetivo de fomentar a discussão sobre cotas nos PPG's da área. O mesmo grupo assume a tarefa de realizar o levantamento sobre os programas de pós-graduação em Serviço Social do país que aderiram ao sistema de cotas étnico-raciais nos processos de seleção e as iniciativas de ampliação do debate sobre as ações afirmativas neste universo da pós-graduação.[316]

Esse documento, ainda traz que:

> Diante da complexidade das relações raciais no Brasil, profundamente desiguais, a aprovação de ações afirmativas no âmbito da pós-graduação é uma medida importante, de caráter reparatório frente às atrocidades cometidas contra a população negra. As ações afirmativas são definidas como um conjunto de medidas legais e políticas que tem por objetivo eliminar as diversas formas de discriminação que cerceiam as oportunidades de determinados grupos na sociedade. O que se aplica em relação às cotas no nível de pós-graduação ao possibilitar a aplicação de medidas que permitam evitar que a discriminação racial ocorra no momento do acesso e durante a permanência deste grupo na universidade [...] **Diante da realidade de desigualdades étnico-raciais a posição da ABEPSS se justifica pela necessidade de democratizar todas as modalidades de ensino e pesquisa no país.** Esse posicionamento toma ainda como referência o pressuposto de que a democratização do ensino de pós-graduação em Serviço Social deve assegurar tanto a ampliação do acesso e da permanência com qualidade como a ampliação dos espaços de participação e tomadas de decisão coletivas, de modo a garantir uma universidade pública, universal, gratuita, democrática, presencial, laica e de qualidade. **Dos 34 Programas de Pós-Graduação na área do Serviço Social em funcionamento, somente dois possuem cotas étnico-raciais** (UERJ e UNIFESP) e dois aprovaram cotas para o edital de seleção para 2018 (UnB e UFES), **o que evidencia a necessidade de travarmos essa discussão no interior dos nossos PPG's e nos fóruns da ABEPSS,** no sentido da aprovação das cotas nos cursos de mestrado e doutorado.[317]

Os subsídios para o debate étnico-racial na formação, tem como objetivo "oferecer subsídios para a inclusão e o fortalecimento do debate da questão étnico-racial contribuindo para uma formação em Serviço Social antirracista a partir do desenvolvimento de atividades de ensino, pesquisa e extensão (graduada e pós-graduada)."[318] Nesse sentido, traz uma inédita contribuição da entidade para a construção/aprofundamento coletivo do

---

316 ABEPSS, 2018b, p. 417.
317 ABEPSS, 2018b, p. 418-419. **(grifos nossos)**
318 ABEPSS, 2018a, p. 12.

debate étnico-racial junto às Unidades de Formação Acadêmica (UFAs) filiadas à ABEPSS, bem como nos demais espaços de formação profissional, com vistas a contribuir com uma formação antirracista em todos os âmbitos do ensino, pesquisa e extensão.

Vale destacar, que ambos são documentos iniciais que precisam ser ainda adensados, maturados de forma mais ampliada com todo conjunto da profissão, mas certamente já cumprem a tarefa extraordinária de abrir o debate étnico-racial de forma mais evidente no âmbito da graduação e pós-graduação.

Obviamente que o GTP "Serviço Social, Relações de Exploração/Opressão de Gênero, Feminismos, Raça/Etnia e Sexualidades" também vêm cumprindo essa tarefa importantíssima, desde 2010. Não por acaso, que a entrevistada da ABEPSS demarca que "o primeiro registro é levar em consideração a importância do GTP",[319] pois todas essas ações desenvolvidas incontestavelmente são fruto do trabalho desenvolvido por esse grupo. Mas chamamos atenção para esses documentos, considerando o fato de serem os que demarcam de forma explícita e pioneira a posição da direção da entidade em relação a necessidade do debate.

Em seu depoimento, a representante da ABEPSS destaca que a questão étnico-racial era uma preocupação da gestão desde o seu planejamento.

> Já em fevereiro a gente coloca no planejamento a prioridade, colocamos tanto o debate das cotas quanto a formulação desse documento, **que ainda não tinha nome de subsídios** e tudo mais. Mas que [fosse] um documento que fizesse essa questão do debate da questão racial na formação. E aí a gente começou construir esse processo. Eu confesso a você com muita dificuldade, porque a conjuntura, foi uma conjuntura complicada também, mudança de governo... Muitas demandas. E eu acho que o processo de subsídios ele foi apressado, apressado não no sentido de descuidado, apressado porque a gente talvez poderia ter conseguido trabalhar melhor os dois anos, a gente conseguiu trabalhar o último ano e já quase no final da gestão. **Mas ao mesmo tempo com uma certeza muito grande que é o início de um processo que não vai ser rápido,** é um processo que seria longo, independente de qualquer coisa, mas se colocando uma perspectiva de uma construção coletiva como tem sido os instrumentos da ABEPSS. Então assim, **é um documento que está totalmente respaldado e é legítimo pelo processo da categoria e da ABEPSS que tem legitimidade para dar a direção sobre a questão da formação. E mais legitimada pela demanda né.**[320]

---

319 Entrevista com a ABEPSS.

320 Entrevista com a ABEPSS. **(grifos nossos)**

Essa gestão aguerrida e ousada, apesar de todas as dificuldades e entraves explicitados, não mediu esforços para finalizar o biênio deixando uma contribuição inconteste para a formação graduada e pós-graduada do Serviço Social brasileiro. Conforme mencionado, trata-se de um processo que já vem sendo construído – que ao nosso ver, inaugura um marco histórico com esses documentos – mas que ainda está em aberto, em construção. Desse modo, nossa grande tarefa agora, especialmente em relação aos subsídios "**é fazer esse documento básico se tornar um documento final.** Tomara que nessa gestão ainda da ABEPSS, [...] **e que a gente consiga fazer processos formativos, quem sabe uma ABEPSS itinerante sobre isso.**"[321]

Exatamente para continuarmos nessa direção de avanços e ampliação do debate étnico-racial, compreendemos que seja necessário somarmos forças nessa luta que é – ou deveria ser – de todos/as nós que defendemos uma direção emancipatória para a profissão; uma formação crítica, ancorada em uma perspectiva de totalidade. Concordamos, dessa forma, que:

> [...] nos marcos da tradição do pensamento marxista, a perspectiva de totalidade, que compreende a realidade social como a síntese de múltiplas determinações, permite uma apreensão crítica acerca das relações sociais constituídas historicamente sobre os pilares da desigualdade racial.[322]

Por isso, acreditamos que todo esse movimento em construção no interior do Serviço Social para trazer a questão étnico-racial para o cerne da profissão, é extremamente relevante, necessário e indissociável da direção emancipatória do Projeto Ético-Político. E, nesse entorno, compreendemos que as entidades da categoria cumprem uma função crucial para fortalecer e avançar nessa construção.

Em relação as principais ações da ENESSO no período 2018-2019,[323] a entrevistada destaca sobre a Frente Étnico-Racial da ENESSO, a

---

321 Entrevista com a ABEPSS. (**grifos nossos**)

322 ROCHA, 2014, p. 300.

323 Reforçamos que o período que delimitamos para realização da pesquisa foi o biênio de 2017-2018. Sendo assim, entrevistamos dirigentes que estavam nas entidades nesse período. Todavia, em relação especificamente à ENESSO, há uma especificidade: além da gestão ser anual, no ano de 2017 não ocorreu o Encontro Nacional de Estudantes de Serviço Social (ENESS), onde se realiza a eleição da Coordenação Nacional da ENESSO, tendo em vista que esse encontro que seria na Bahia foi cancelado às vésperas de sua realização. Nesse sentido, foi designada uma Comissão Gestora que realizaria parte das atribuições da Coordenação Nacional.

SANKOFA.[324] Essa seria uma ação permanente da entidade, visto que todo encontro – regional ou nacional – essa setorial se reúne para discutir acerca das questões relativas ao debate étnico-racial. Contudo, a participante da pesquisa relata preocupação sobre como esse espaço auto organizativo tem sido construído.

> [...] se a gente for olhar no estatuto, não tem algo que institucionalize, vamos dizer assim, e são espaços auto organizativos. Então eles não devem ser institucionalizados. Mas ao mesmo tempo, quando a gente vai pensar nas setoriais, na forma que elas estão sendo tocadas, é muito uma questão do autocuidado, sabe assim? **a gente não debate de uma forma crítica os efeitos, os rebatimentos do racismo** sabe? dentro e para os estudantes do serviço social pra a gente pensar né [...] se a gente debatesse as diretrizes curriculares da ABEPSS, as matrizes curriculares de cada curso, cada um que tiver lá, e a questão étnico racial, a gente se fortalece naquele espaço e traz pra dentro das universidades e aí a gente vai pautar: foi deliberado enquanto ENESSO, a gente tem isso, isso e isso, certo? Isso não acontece. **A galera só está muito na parte subjetiva** "a gente precisa trabalhar isso, trabalhar aquilo", só isso. Só isso porque **não é um problema trabalhar isso, mas só isso. E não tem olhar crítico**.[325]

Outra questão evidenciada pela participante, é em relação ao fato de só poder participar pessoas negras nos espaços da SANKOFA:

> [...] ela é um espaço hoje que [...] na última ação que eu fui, só podiam participar pessoas negras. Gente, é um problema enorme a gente falar da gente pra gente, sobre as nossas coisas. **Se o problema é a branquitude [...] a gente tem de fazer com que a branquitude nos ouça, certo?**[326]

Essa fala traz uma dimensão classista e coletiva importante e necessária para a luta antirracista, ao entender que essa luta não deve ser restrita aos/às negros/as, visto que a luta contra o racismo está vinculada, essencialmente, à luta contra o capital e que as pessoas brancas precisam abdicar dos seus lugares de privilégio e contribuírem na luta contra o racismo, pois ele existe

---

Por esse motivo, compreendendo a importância em realizar entrevista com uma coordenação eleita e legitimada normalmente no ENESS, optamos nesse caso em entrevistar integrante da gestão eleita em 2018 no ENESS Triângulo, cujo tempo de gestão foi de julho de 2018 a julho de 2019.

324 Mais informações no blog da ENESSO: EXECUTIVA NACIONAL DE ESTUDANTES DE SERVIÇO SOCIAL (ENESSO). SANKOFA – Frente Étnico-Racial da ENESSO. Disponível em: https://enessooficial.wordpress.com/setoriais-de-combate-as-opressoes/sanoka-frente-etnico-racial-da-enesso/. Acesso em: 26 maio 2020..

325 Entrevista com a ENESSO. (**grifos nossos**)

326 Entrevista com a ENESSO. (**grifos nossos**)

fundamentalmente também pelos/as brancos/as, é um fenômeno relacional, logo, não se trata de um problema apenas dos/as negros/as.

Vale destacar que compreendemos a branquitude enquanto uma construção social e não numa perspectiva individualista. Compreendemos enquanto uma estrutura de poder que coloca as pessoas brancas numa condição naturalizada de superioridade. Por isso que, para incorporar a luta contra o racismo, é preciso que essas pessoas façam uma autocrítica sincera e renunciem esse lugar de suposta superioridade. Isso demanda romper com a "cegueira social" que essa condição de privilégio socialmente construída os/as colocam.

> Disso decorre uma espécie de "cegueira social", um mascaramento do nosso lugar de brancos nas relações sociais e a dificuldade de perceber, ler e compreender as desigualdades raciais, a produção e manutenção de privilégios brancos e a magnitude e a complexidade do sofrimento gerado à população negra e indígena de nosso país: não somente as violências explícitas, mas as violências sutis, os silêncios, os olhares, as omissões e a negação reiterada da condição de sujeito.[327]

Deste modo, só é possível compreender, de fato, a existência do racismo com toda sua violência e desumanização, e também a necessidade de enfrenta-lo, quando esse grupo dominante se colocar disponível a "tocar nas próprias feridas", isto é, reconhecer sua condição de privilégio, visto que foram educados/as para se reconhecerem "[...] como seres humanos que representam a universalidade humana descorporificada, o padrão, a norma como lugar de poder."[328]

Frisamos isso para dizer que, obviamente, essas pessoas não entram na luta da mesma forma com que entram os/as negros/as, pois sua própria condição de existência não o permite. Portanto, é certo que nessa luta terá particularidades e diferencialidades – lembramos aqui das "exigências diferenciais" que apresentamos no segundo capítulo, com base em Florestan Fernandes.[329]

Mas também compreendemos ser extremamente problemático e incoerente não agregar os/as brancos/as na luta antirracista, pois além de serem responsáveis diretos/as pela reprodução/manutenção do racismo, num horizonte estratégico de superação do capital, é preciso que a luta seja coletiva.

Nessa continuidade, corroboramos com a representante do GTP que:

---

[327] CARREIRA, 2018, p. 134
[328] CARREIRA, 2018, p. 134.
[329] FERNANDES, 2017.

> [...] está havendo o movimento, de brancos discutir, mas qual é a discussão? Porque aí também ser negrólogo aí é foda [...] **vai discutir tua branquidade, é isso que eu acho bacana**. Olha só, você quer discutir questão racial, **vai discutir seu lugar de privilégio, para entender o que eu estou te dizendo**, não é para me entender. Para você entender o que eu estou dizendo para você [...] **A gente não tem que educar os brancos, os brancos que vão estudar. Mas a gente precisa demonstrar para sociedade brasileira que nós negros não somos objetos** da ciência, nós fazemos ciência, então pra gente fazer ciência, **temos que estudar**.[330]

Consequentemente, não se trata de excluir as pessoas brancas dessa discussão e dessa luta, tampouco assumir o lugar de educar os/as brancos/as. Se trata, portanto, de compreender que a luta não é contra os indivíduos brancos/as, mas contra a estrutura da branquitude que está arraigada em nossa sociedade e que também é funcional ao capital. Nesse processo, é preciso que os/as brancos/as compreendam que não são eles/as que vão nos ditar as regras unilateralmente como o fizeram por quase quatro séculos. Na mesma medida, é preciso que nos qualifiquemos teórica e politicamente, para assumirmos o protagonismo dessa luta, reconhecendo que nosso inimigo não está nos sujeitos singulares.

Chamamos atenção para o fato de que, historicamente, a ENESSO tem contribuído significativamente para pautar o debate étnico-racial no interior da profissão, uma vez que seus encontros regionais e nacionais são organizados com base em eixos temáticos[331] que possibilitam acumular discussões – tendo em vista o caráter formativo dos espaços da ENESSO – e, dentre esses eixos, há o eixo de "Combate às opressões".

Também destacamos que os/as dirigentes da entidade se organizam por coordenadorias e que há uma coordenação específica de combate às opressões, cuja função é explícita no art. 17 do Estatuto da ENESSO:

> a) Fomentar a discussão como eixo central a questão social e a violação dos direitos humanos que se expressam na vida cotidiana através do racismo, machismo, xenofobia, homofobia, lesbofobia, transfobia, bifobia, a questão da deficiência e demais opressões à classe trabalhadora e suas expressões.
> b) Articular com os Movimentos Sociais que combatam as opressões, buscando assim o enfrentamento das desigualdades históricas, para garantir a transformação societária [...].[332]

---

330 Entrevista com o GTP. (**grifos nossos**)

331 Acesse o estatuto (2013) da ENESSO para ver maiores informações: EXECUTIVA NACIONAL DE ESTUDANTES DE SERVIÇO SOCIAL (ENESSO). Estatuto. Cuiabá-MT, 2013. Disponível em: https://enessooficial.files.wordpress.com/2013/10/estatutos-a5-12.pdf. Acesso em: 19 maio 2020.

332 ENESSO, 2013, p. 19. (**grifos nossos**)

Dessa forma, percebemos que historicamente essa entidade tem se debruçado a combater as opressões – dentre elas o racismo – numa perspectiva crítica à realidade social, visualizando uma transformação societária. Se hoje a entidade vivencia dificuldades e contradições internas, precisamos refletir isso articulado à precarização do processo de formação profissional, da educação superior, aos cortes na assistência estudantil, enfim, aos diversos retrocessos postos a todo conjunto da classe trabalhadora, que impactam e precarizam diretamente a formação em Serviço Social – pois, como relatado acima pela entrevistada da ENESSO, têm-se uma grande dificuldade de construir um diálogo crítico, ancorado na direção social estratégica da profissão.

Além disso, a participante da pesquisa também elenca que a gestão 2018-2019, especialmente após um caso de racismo que ocorreu no 39º Encontro Nacional de Estudantes de Serviço Social (ENESS) em Uberaba (MG), deliberou sobre a realização de uma campanha antirracista, mas não foi realizada.

> E aí o último ano, de 2018, aconteceu um fato de racismo [...]. E aí **a gente deliberou enquanto gestão que a gente ia fazer uma campanha antirracista. Mas isso não aconteceu. Não aconteceu e é por culpa mesmo da gestão assim, hoje está um espaço esvaziado.** Os militantes, a gente está juntando pessoas ao invés de se formar várias chapas [...]. Mas tem uma conexão ali política ideológica? Hoje não, por terem poucas pessoas, **o pessoal se junta e aí a gestão fica inerte porque ninguém se identifica** [...]. **A gente não tinha afinidade político-ideológica, e a partir disso as ações que a gente pensava e idealizava elas não se concretizavam,** porque não contemplava a todos nunca.[333]

Na continuidade dessas reflexões, a entrevistada nos aponta que, além desses desafios, o tempo de gestão e a transitoriedade da executiva, dificultam muito os processos de formação de quadros, formação política, e que isso se agrava nessa conjuntura.

> **As gestões, elas têm só um ano e aí, por conta dessa mudança mesmo, e desse um ano só, os militantes não estão formados politicamente.** E aí, quando eles começam a pegar o jeito da coisa, eles precisam sair, aí outras pessoas entram e depois que pega.... porque isso não é trazido dentro de sala de aula para eles entenderem a importância política de se pautar nas ações de luta, na militância. **Então, eu acho que um dos maiores desafios é essa questão mesmo de transitoriedade da executiva. Dessa mudança, dessa necessidade de formação de quadros o tempo todo.** Então, é essa questão, a formação, os desafios e

---

[333] Entrevista com a ENESSO. **(grifos nossos)**

dada a atual conjuntura, o desmonte da universidade, a questão da gente conseguir garantir a participação dos estudantes nos espaços, porque aí são cortes nos gastos e isso rebate diretamente em relação aos auxílios, a permanência estudantil. Eu acho que é um dos fatores que mais contribuem para o esvaziamento dos espaços. **E aí, estando esvaziados esses espaços, a discussão política, ela se perde.**[334]

Precisamos, deste modo, refletir sobre essas questões e sobre como tem se dado o processo de formação de chapas, não só para a ENESSO, mas para todas as entidades da profissão. Ademais, é necessário que reflitamos sobre a construção de quadros no interior da categoria. O movimento estudantil tem sido um espaço fundamental de formação política de quadros, conforme destaca Ramos, haja vista que grande parcela das direções do CFESS-CRESS, ABEPSS e outros espaços de luta da classe trabalhadora, são constituídas de pessoas que foram da ENESSO.[335] Assim, é preciso que pensemos criticamente como tem se dado esse processo.

À medida em que a entrevistada relata que uma campanha antirracista que foi pensada, sobretudo a partir de um caso de racismo num encontro nacional, não foi construída por divergências internas, nos coloca a necessidade de retomar e aprofundar a questão do pluralismo, conforme mencionamos anteriormente. E, nessa sintonia, como construir unidade no diverso sem perder a direção hegemonicamente construída.

Compreendemos que as divergências internas não podem sectarizar, limitar e dificultar a construção coletiva da entidade, tampouco impossibilitar a unidade na ação política – pois se não, a própria razão de ser da entidade perde sentido. Com o momento extremamente delicado que vivemos no país, de intensificação de ódio, do racismo, etc., não acontecer a campanha por conflitos desse tipo, é preocupante e demanda que sejam feitas as autocríticas necessárias.

Não estamos aqui fazendo a defesa de uma "harmonia" nos espaços do movimento estudantil – pois sabemos que os conflitos são comuns e, em alguns casos, importantes. Tampouco, achamos que não devam ocorrer as disputas e, menos ainda, defendemos que haja união de concepções antagônicas: o que chamamos atenção é para o fato de que precisamos identificar as contradições, estabelecer o diálogo no diverso e, a partir de então, construir as possibilidades coerentes com os princípios éticos fundamentais do Serviço Social.

---

[334] Entrevista com a ENESSO. (**grifos nossos**)
[335] RAMOS, 2011.

Portanto, nestes tempos que vivenciamos marcado de modo exacerbado pelo recrudescimento do conservadorismo e políticas da extrema direita, de dramáticas e brutais ofensivas contra os/as trabalhadores/as, de reestruturações capitalistas e contrarreformas que tem assolado toda a classe trabalhadora, nossa escolha deve ser a resistência![336]

Exatamente pelo fato da nossa escolha ser a resistência, precisamos de compreensão e clareza de qual lado estamos na luta de classes. Por isso, no âmbito profissional as lutas devem ser travadas pela qualificação e defesa intransigente da formação e do trabalho profissional, mas apontando para um horizonte estratégico de superação do capital, o que nos exige articulação com as lutas mais gerais dos/as trabalhadores/as, uma vez que:

> A **direção sociopolítica** estratégica do projeto profissional pressupõe um processo de lutas sociais e mobilizações de massas, que possam reverter o quadro de barbárie social em que estamos mergulhados e que foram impostos pela ditadura do capital. Lutar *pela consolidação e ampliação de direitos sociais implica somar forças com o conjunto das massas trabalhadoras, da cidade e do campo, em uma perspectiva de classe, anticapitalista, anti-imperialista e socialista no interior* **do processo de ruptura profissional** *com o conservadorismo.*[337]

Nesse contexto em que o capital segue velozmente intensificando seu caráter destrutivo, descivilizatório, desumanizante, destruindo direitos historicamente construídos, sabemos que, tal como lembra a campanha do dia do/a assistente social de 2019, "quem é preta e pobre sofre primeiro". Exatamente por isso, não podemos ter dúvidas da tarefa que é colocada pra nós nessa conjuntura, por isso: nossa única alternativa e escolha possível é a resistência e a luta coletiva!

Os últimos episódios da história recente, não só no Brasil, mas a nível mundial, nos permitem visualizar a intensidade sob a qual o capital internacional avança no sentido de garantia da sua hegemonia. Vale destacar que o Fundo Monetário Internacional, bem como o Banco Mundial, possui demasiada incidência nos rumos da política econômica que implicará, por conseguinte, na condução das políticas sociais e, logo, na dinâmica da produção e reprodução das relações sociais.

---

336 Aqui fazemos alusão à campanha do conjunto CFESS/CRESS ao dia do/a assistente social no ano de 2018, nomeada de "Nossa escolha é a resistência: somos classe trabalhadora!".

337 ABRAMIDES, 2006, p. 32.

Nesse sentido, a ideologia neoliberal, buscando se legitimar enquanto a única saída possível para esta crise estrutural, cumpre um papel estratégico e necessário para o modo de produção vigente, que é o de justificação das transformações operadas na vida social pela ofensiva do capital.[338] Desta forma, o pensamento dominante através de suas perspectivas irracionalistas e descoladas do movimento histórico, dialético e contraditório da sociabilidade burguesa, ratifica a naturalização destes processos, cuja raiz se assenta na estrutura social.

Destarte, é importante ressaltar que a luta contra o racismo também é estrutural. Assim, a entrevistada do GTP nos explicita que:

> Combater, **ser antirracista é luta e não é só luta contra ideologia [...]. É contra a estrutura.** Vou brigar pela assistência estudantil? Vou porque sem assistência estudantil, não há presença negra na universidade [...]. Eu vou lutar pelo SUS? Eu vou lutar pelo SUS, porque sem SUS não há saúde para a população negra, nós somos 80% dos usuários do SUS. Precisamos de escola pública porque sem ela não podemos acessar outros níveis de educação, seja educação básica, educação do ensino médio ou superior, então é estrutural [...]. *Então é dar essa estrutura e lutar contra ela.* Defendendo que esse direito que a gente conquista, ele é uma etapa da nossa emancipação. **Nunca a emancipação vai entrar no campo do capital, nunca.**[339]

Nessa direção e coerência ético-política, concordamos absolutamente com a entrevistada acerca de que essa luta é estrutural e, não obstante, essencialmente revolucionária, pois não é possível pensar a real emancipação da população negra nos marcos do capitalismo. Por essa razão, essa luta está umbilicalmente vinculada à direção sociopolítica do Projeto Ético-Político da profissão. Exatamente por isso, precisamos cada vez mais reconhecer essa articulação fundante e fortalecer a luta contra o racismo. Nessa direção, concordamos com Vitorio que:

> [...] o debate racial adentrou a agenda política da categoria profissional e paulatinamente vem ampliando o espaço e significado na construção do projeto ético-político profissional, alicerçado na contemporaneidade, na análise do racismo estrutural e seus desdobramentos no âmbito institucional.[340]

---

338 BARROCO, 2011.

339 Entrevista com o GTP. (**grifos nossos**)

340 VITORIO, 2019, p. 154.

Portanto, acreditamos que a principal tarefa posta ao Serviço Social brasileiro, e nesse entorno destacamos o papel central e estratégico das entidades da categoria, está em continuar nessa caminhada ascendente de reconhecer a importância e necessidade da luta antirracista, fazendo com que ela se coloque em foco em todas as ações. Pois, considerando que numa sociedade racista é fundamental que sejamos antirracistas, o compromisso em combater o racismo é de todos/as. Não está, portanto, no campo da escolha: para o Serviço Social que defende um projeto emancipatório, está no campo da responsabilidade e coerência ético-política.

ALGUMAS CONSIDERAÇÕES FINAIS

Quando as vidas negras realmente começarem a ter importância, isso significará que todas as vidas têm importância.

Ângela Davis

Em virtude do que foi exposto ao longo desse livro, pensamos ter contribuído com o entendimento de que o racismo, enquanto elemento inelimínável e estruturante da nossa formação social, segue envolto nessa lógica destrutiva e desumanizante do capital, não apenas ceifando vidas, mas também dinamizando e contribuindo com o processo de exploração e acumulação do capital, visto que para o capitalismo se manter, historicamente, lança mão da herança colonial de hierarquização entre as raças, como forma de potencializar seu processo de exploração e garantir seu poder e hegemonia mundial.[341]

Essa dinâmica põe e repõe a todo momento a necessidade para o Serviço Social aprofundar o entendimento acerca do racismo enquanto elemento crucial da dinâmica do capitalismo brasileiro, pois se estabelece como o principal elemento da história do nosso país. Por isso que para nós não tratar do racismo é, conforme dito por Moura, escamotear o que estrutura nossa formação.[342]

Não podemos perder de vista que nossa profissão, tal como enfatizado nas Diretrizes Curriculares da ABEPSS de 1996, exige uma formação que possibilite a apreensão crítica do processo histórico como totalidade, compreensão sobre a formação sócio-histórica e suas particularidades no país e, nesse entorno, apreensão das demandas postas à profissão no contexto das relações sociais. Ademais, coerente com o método que baliza o projeto de formação que defendemos, este coloca que a profissão deve ser decifrada enquanto um processo inerente ao bojo da trama das relações sociais, estando atenta ao movimento do real, bem como às demandas postas nesse contexto. Isso implica "[...] compreender a

---

341 QUIJANO, 2005.

342 MOURA, 1983.

profissão como um processo, vale dizer, ela se transforma ao transformarem-se as condições e as relações sociais nas quais ela se inscreve."[343]

Destarte, não tratar a questão étnico-racial enquanto um componente necessário e estruturante da formação profissional, sob o discurso de que as Diretrizes Curriculares da ABEPSS não apontam para essa necessidade, além de evidenciar a não compreensão desse documento, entra em contradição com a própria essência desse projeto de formação, cujo método que o sustenta coloca como pressuposto estar atento à dinâmica social e acompanhar o movimento do real. E esse movimento nos tensiona a todo momento a debater a questão étnico-racial, a pensar o racismo enquanto estruturante da sociedade brasileira e a criar estratégias profissionais frente a essa realidade.

Compreendemos que seja necessário realizarmos um debate transversal da questão étnico-racial, perpassando todas as discussões, com conteúdos precisamente definidos para não correr o risco de serem diluídos. Sob uma perspectiva de totalidade, coerente com a essência das Diretrizes Curriculares da ABEPSS de 1996, a questão étnico-racial deve ser trabalhada enquanto eixo estruturante da formação profissional e não como algo simplesmente temático, de forma fragmentada ou, ainda pior, na condição de disciplina optativa, como muitas vezes ocorre em algumas universidades.

Estamos convencidos/as que, somente assim, é possível pensarmos numa formação profissional coerente com a direção da profissão, bem como numa educação antirracista, que possibilite a construção de um trabalho profissional com capacidade teórico-metodológica, ético-política e técnico-operativa para atuar no âmbito das instituições, com o compromisso profissional de combate ao racismo.

Apreendemos que a profissão vem caminhando paulatinamente, mas de forma significativa, na construção desse entendimento coletivo. Durante a pesquisa foi possível observar que, num todo, apesar dos desafios e contradições no interior das entidades que, por sua vez, obstaculizam um avanço mais expressivo da questão, as entidades vem consolidando a discussão, construindo um caminho cada vez mais em ascendência para a questão étnico-racial – o que ratifica a atualidade, coerência e firmeza ideológica da direção social estratégica construída pelo Serviço Social Brasileiro nos últimos 40 anos, cujo marco emblemático é o Congresso da Virada, de 1979.

É preciso lembrar que o cenário que vivenciamos é potencialmente adverso, com imensuráveis retrocessos em todos os âmbitos da vida social. Essa

---

[343] ABEPSS, 1996, p. 5.

conjuntura também repercute direta e fortemente no interior da profissão, haja vista o recrudescimento de tendências conservadoras, moralizantes, ancoradas num discurso tecnicista e cristão, como é o caso do Serviço Social libertário. Por isso, é necessário estarmos atentos/as e fortes! O cenário é extremamente ímprobo e somente com muita fundamentação teórico-metodológica, coerência ético-política conseguiremos nos fortalecer na defesa radical do legado crítico construído coletiva e historicamente pelo Serviço Social brasileiro. Precisamos fortalecer a direção social e estratégica da profissão, calcada na radicalidade marxista e no entendimento da necessidade da luta pelo fim da propriedade privada dos meios de produção e, por conseguinte, a supressão da sociedade de classes.

A luta pela manutenção dessa direção da profissão, perpassa pela defesa, construção e fortalecimento também das entidades que a compõem – ABEPSS, CFESS/CRESS e ENESSO. Afinal, tais entidades cumprem papel essencial na edificação da profissão e se estabelecem enquanto o sustentáculo da direção teórico-política emancipatória engendrada historicamente. Nessa direção, concordamos com Abramides que "[...] o *PEP* deita raízes na configuração de *um novo éthos profissional*, que, sob a direção das entidades profissionais e estudantis, o reafirma em suas instâncias representativas."[344]

Contudo, estamos convencidos/as que a manutenção desse legado só é possível permanecer e se robustecer se, de fato, a profissão encarar a questão étnico-racial enquanto elemento fundante da formação e trabalho profissional, haja vista que ela estrutura a sociedade brasileira. Por essas e por outras razões, compreendemos que não é possível sermos coerentes com a direção social da profissão, calcada no legado marxiano e na tradição marxista, enquanto não tratarmos a questão étnico-racial com a importância que ela demanda.

É com esta nitidez, com perspectiva de totalidade de análise da sociedade, com a compreensão acerca das contradições estruturantes do modo de produção capitalista – entendendo que o racismo se estabelece enquanto uma engrenagem necessária para o capitalismo e que a exploração e a dominação sobre os corpos negros azeitam a máquina do capital, fazendo mover novos engenhos – que precisamos nos referenciar para seguir trilhando sonhos e caminhos possíveis, desbravando horizontes e superando coletivamente os desafios. E esses desafios não serão superados se não compreendermos que não há luta contra o capital sem luta contra o racismo.

---

344 ABRAMIDES, 2019, p. 23.

REFERÊNCIAS

ABRAMIDES, Maria Beatriz Costa. Introdução. *In:* ABRAMIDES, Maria Beatriz Costa. *O Projeto ético-político do serviço social brasileiro*: ruptura com o conservadorismo. São Paulo: Cortez, 2019.

ABRAMIDES, Maria Beatriz Costa. *O Projeto Ético-Político Profissional do Serviço Social Brasileiro*. Tese (Doutorado em Serviço Social) – Pontifícia Universidade Católica, São Paulo, 2006.

ALMEIDA, Magali da Silva. Desumanização da população negra: genocídio como princípio tácito do capitalismo. *Em Pauta*, Rio de Janeiro, n. 34, v. 12, p. 131-154, 2014.

ALMEIDA, Silvio de. *O que é racismo estrutural?* Belo Horizonte: Grupo Editorial Letramento, 2018.

ALMEIDA, Silvio de. Prefácio da edição brasileira. *In:* HAIDER, Asad. *Armadilha da identidade:* raça e classe nos dias de hoje. São Paulo, Veneta, 2019.

ASSOCIAÇÃO BRASILEIRA DE ENSINO E PESQUISA EM SERVIÇO SOCIAL (ABEPSS). Diretrizes Gerais para o Curso de Serviço Social. Rio de Janeiro, 1996. Disponível em: http://www.abepss.org.br/arquivos/textos/documento_201603311138166377210.pdf. Acesso em: 19 maio 2020.

ASSOCIAÇÃO BRASILEIRA DE ENSINO E PESQUISA EM SERVIÇO SOCIAL (ABEPSS). Projeto ABEPSS Itinerante. Brasília, 2012. Disponível em: http://www.abepss.org.br/projeto-abepss-itinerante-18. Acesso em: 19 maio 2020.

ASSOCIAÇÃO BRASILEIRA DE ENSINO E PESQUISA EM SERVIÇO SOCIAL (ABEPSS). Subsídios para o debate sobre a questão étnico-racial na formação em Serviço Social. Vitória, ES, 2018a. Disponível em: http://www.abepss.org.br/arquivos/anexos/subsidio_debate_uestao_etnico_servico_social-201812041419427146430.pdf. Acesso em: 19 maio 2020.

ASSOCIAÇÃO BRASILEIRA DE ENSINO E PESQUISA EM SERVIÇO SOCIAL (ABEPSS). As cotas na Pós-Graduação: Orientações da ABEPSS para o avanço do debate. *Temporalis*, Brasília, n. 36, p. 417-418, 2018b. Disponível em: http://periodicos.ufes.br/temporalis/article/view/23062/pdf. Acesso em: 19 maio 2020.

BARROCO, Maria Lúcia Silva. Barbárie e neoconservadorismo: os desafios do projeto ético-político. *Revista Serviço Social & Sociedade*, São Paulo, n. 106, p. 205-218, abr./jun., 2011.

BASILIO, Ana Luiza. Djamila Ribeiro: "Somos um país que nunca aboliu materialmente a escravidão". Carta Capital, 12 jan. 2020. Disponível em: https://www.cartacapital.com.br/sociedade/djamila-ribeiro-somos-um-pais-que-nunca-aboliu-materialmente-a-escravidao/. Acesso em: 23 jun. 2020.

BRASIL. Agência pública de notícias da EBC – Agência Brasil. Em 6 anos, pessoas que se dizem pretas aumentam em todo o país. Brasília, DF, 2019. Disponível em: https://agenciabrasil.ebc.com.br/geral/noticia/2019-05/em-6-anos-pessoas-que-se--dizem-pretas-aumentam-em-todo-o-pais. Acesso em: 07 junho 2020.

BRASIL. Ministério da Justiça e Segurança Pública. Departamento Penitenciário Nacional. Levantamento Nacional de Informações Penitenciárias. Atualização - Junho de 2016. Brasília, DF, 2017. Disponível em: http://depen.gov.br/DEPEN/noticias-1/noticias/infopen-levantamento-nacional-de-informacoes-penitenciarias-2016/relatorio_2016_22111.pdf. Acesso em: 19 maio 2020.

BRASIL. Ministério do Desenvolvimento Social (MDS). População negra é a maior beneficiária de programas sociais no Brasil. Brasília: Ministério do Desenvolvimento Social; 2013. Disponível em: http://mds.gov.br/area-de-imprensa/noticias/2013/dezembro/populacao--negra-e-a-maior-beneficiaria-de-programas-sociais-no-brasil. Acesso em: 12 set. 2019.

BRASIL. Ministério do Desenvolvimento Social (MDS). Promoção da Igualdade Racial no Sistema Único de Assistência Social. Brasília, DF, 2018. Disponível em: http://blog.mds.gov.br/redesuas/wp-content/uploads/2019/06/Informativo-Promo%C3%A7%C3%A3o-da-IR-no-SUAS.pdf. Acesso em: 19 maio 2020.

BRASIL. Ministério do Desenvolvimento Social (MDS). Secretaria Nacional de Assistência Social. Atendimento a População Negra no SUAS. Brasília, DF, 2018. Disponível em: http://www.mds.gov.br/cnas/pautas-atas-e-apresentacoes/apresentacoes/apresentacao-s-nas-populacao-negra-no-suas-na-rda-do-rs.pdf/view. Acesso em: 19 maio 2020.

CAPUTI, Lesliane; FORNAZIER MOREIRA, Tales Willyan. Os impactos das contrarreformas na formação e exercício profissional em Serviço Social. *Revista Conexão Geraes*, Belo Horizonte, n. 9, p. 22-27, 2017.

CARDOSO, Paulino de Jesus Francisco. Os desafios da luta antirracista no Brasil. *Educação Pública*, Cuiabá, v. 21, n. 46, p. 319-330, maio/ago. 2012.

CARREIRA, Denise. O lugar dos sujeitos brancos na luta antirracista. *Sur - Revista Internacional de Direitos Humanos*, v. 15, n. 28, p. 127-137, 2018. Disponível em: https://sur.conectas.org/wp-content/uploads/2019/05/sur-28-portugues-denise-carreira.pdf. Acesso em: 19 maio 2020.

CAULYT, Fernando. Brasil, terceira maior população carcerária, aprisiona cada vez mais. Carta Capital, 12 set. 2018. Disponível em: https://www.cartacapital.com.br/sociedade/brasil-terceira-maior-populacao-carceraria-aprisiona-cada-vez-mais/. Acesso em: 26 maio 2020.

CONSELHO FEDERAL DE SERVIÇO SOCIAL (CFESS). 39º Encontro Nacional termina com importantes decisões e desafios para a categoria. Disponível em: http://www.cfess.org.br/visualizar/noticia/cod/472. Acesso em: 26 maio 2020.

CONSELHO FEDERAL DE SERVIÇO SOCIAL (CFESS). Assistente social: compartilhe sua história de combate ao racismo. 25 jan. 2019. Disponível em: http://www.cfess.org.br/visualizar/noticia/cod/1537. Acesso em: 26 maio 2020.

CONSELHO FEDERAL DE SERVIÇO SOCIAL (CFESS). Assistentes sociais no combate ao racismo. Disponível em: http://www.cfess.org.br/arquivos/2020Cfess-LivroCampanhaCombateRacismo.pdf. Acesso em: 7 jun. 2020.

CONSELHO FEDERAL DE SERVIÇO SOCIAL (CFESS). *Código de Ética do/a Assistente Social. Lei 8.662/93 de Regulamentação da Profissão*. 10. ed. Brasília, 2011.

CONSELHO FEDERAL DE SERVIÇO SOCIAL (CFESS). Informativo do conjunto CFESS-CRESS – Edição nº 5 "Se cortam direitos, quem é preta e pobre sente primeiro!". Brasília (DF), maio de 2019. Disponível em: http://www.cfess.org.br/arquivos/2019-ServicoSocialNoticia5-Web.pdf. Acesso em: 19 maio 2020.

CONSELHO FEDERAL DE SERVIÇO SOCIAL (CFESS). Serviço Social contra racismo. Disponível em: https://servicosocialcontraracismo.com.br/. Acesso em: 26 maio 2020.

CONSELHO FEDERAL DE SERVIÇO SOCIAL. Dia do/a Assistente Social. Disponível em: http://www.cfess.org.br/visualizar/menu/local/dia-doa-assistente-social. Acesso em: 23 jun. 2020.

CONSELHO FEDERAL DE SERVIÇOS SOCIAL (Org.). Assistentes Sociais no Brasil: elementos para o estudo do perfil profissional. Brasília: CFESS, 2005.

CONSELHO REGIONAL DE SERVIÇO SOCIAL (CRESS) – 9º Região. Análise Preliminar dos Dados da Enquete. São Paulo, 2019 Disponível em: http://cress-sp.org.br/wp-content/uploads/2019/05/Apresenta%C3%A7%C3%A3o-Enquete-Comite-Combate-ao-Racismo.pdf. Acesso em: 19 maio 2020.

COSTA, Emilia Viotti. Da escravidão ao trabalho livre. *In:* COSTA, E. V. *Da monarquia à república*. São Paulo: Fundação Editora da UNESP, 1999.

COSTA, Gilmaisa Macedo da. Crise capitalista e questão social na contemporaneidade. RET – Rede de Estudos do Trabalho, n. 6, 2010. Disponível em: http://www.estudosdotrabalho.org/5RevistaRET6.pdf. Acesso em: 12 mai. 2020.

DA SILVA, João Bosco. "Malcolm X" e o racismo do capitalismo. Portal Geledés, 4 jul. 2014. Disponível em: https://www.geledes.org.br/malcolm-x-e-o-racismo-capitalismo/. Acesso em: 26 maio 2020.

DAVIS, Ângela Yvonne. As mulheres negras na construção de uma nova utopia. Geledés – Instituto da Mulher Negra, 12 jul. 2011. Disponível em: https://www.geledes.org.br/as-mulheres-negras-na-construcao-de-uma-nova-utopia-angela-davis/. Acesso em: 19 maio 2020.

DEMIER, Felipe. O cheiro do fascismo em oitenta tiros: estrutura e conjuntura de um assassinato em Guadalupe. Esquerda Online, 2019. Disponível em: https://esquerdaonline.com.br/2019/04/09/o-cheiro-do-fascismo-em-oitenta-tiros-estrutura-e-conjuntura-de-um-assassinato-em-guadalupe/. Acesso em: 19 maio 2020.

DOMINGUES, Petrônio José. Movimento Negro Brasileiro: alguns apontamentos históricos. *Tempo*, v. 12, n. 23, p. 100-122, 2007.

DUARTE, Janaína Lopes do Nascimento. Resistência e formação no Serviço Social: ação política das entidades organizativas. *Serviço Social e Sociedade*, n. 134, p. 161-178, 2019.

DURIGUETTO, M. L.; SOUZA, A. R.; SILVA, K. N. Sociedade civil e movimentos sociais: debate teórico e ação prático-política. *Katálysis*, Florianópolis, v. 12, n. 1, p. 13-21, jan./jun. 2009.

EBC. Agência Brasil. Educação reforça desigualdades entre brancos e negros, diz estudo. Brasília, 2016. Disponível em: http://agenciabrasil.ebc.com.br/educacao/noticia/2016-11/educacao-reforca-desigualdades-entre-brancos-e-negros-diz-estudo. Acesso em: 19 maio 2020.

EURICO, Márcia Campos. A percepção do assistente social acerca do racismo institucional. *Serviço Social e Sociedade*, São Paulo, n. 114, p. 290-310, 2013.

EURICO, Márcia Campos. Da escravidão ao trabalho livre: contribuições para o trabalho do assistente social. *Ser Social*, Brasília, v. 19, n. 41, p. 414-427, 2017.

EURICO, Márcia Campos. Racismo institucional. *Agenda Assistente Social 2019*, Brasília (DF), out./nov. 2018.

EXECUTIVA NACIONAL DE ESTUDANTES DE SERVIÇO SOCIAL (ENESSO). Estatuto. Cuiabá-MT, 2013. Disponível em: https://enessooficial.files.wordpress.com/2013/10/estatutos-a5-12.pdf. Acesso em: 19 maio 2020.

EXECUTIVA NACIONAL DE ESTUDANTES DE SERVIÇO SOCIAL (ENESSO). SANKOFA – Frente Étnico-Racial da ENESSO. Disponível em: https://enessooficial.wordpress.com/setoriais-de-combate-as-opressoes/sanoka-frente-etnico-racial-da-enesso/. Acesso em: 26 maio 2020.

FACEBOOK. Serviço Social Libertário. Quem Somos. 20 jul. 2016. Disponível em: https://www.facebook.com/servicosociallibertario/posts/306372039707012:0. Acesso em: 26 maio 2020.

FERNANDES, Florestan. *A integração do negro na sociedade de classes*. São Paulo: Editora Globo, 2008.

FERNANDES, Florestan. *Significado do protesto negro*. São Paulo: Expressão Popular, 2017.

FERREIRA, Camila Manduca. *O negro na gênese do Serviço Social (Brasil, 1936-1947)* – Dissertação (Mestrado em Serviço Social), Universidade Federal do Rio de Janeiro, Rio de Janeiro, 2010.

G1. RJ teve pelo menos 6 jovens mortos a tiros em cinco dias. 14 ago. 2019. Disponível em: https://g1.globo.com/rj/rio-de-janeiro/noticia/2019/08/14/rj-teve-pelo-menos-6-jovens-mortos-a-tiros-em-cinco-dias.ghtml. Acesso em: 26 maio 2020.

GONÇALVES, Renata. Quando a questão racial é o nó da questão social. *Katálysis*, Florianópolis, v. 21, n. 3, p. 514-522, 2018.

GUERRA, Yolanda. Consolidar avanços, superar limites e enfrentar desafios: os fundamentos de uma formação profissional crítica. In: GUERRA, Y.; LEWGOY, A. M. B; MOLJO, C. B.; SERPA, M.; SILVA, J. F. S. *Serviço Social e seus fundamentos:* conhecimento e crítica. Campinas: Papel Social, 2018.

GUIMARÃES, Antônio Sérgio Alfredo. Racismo e Anti-racismo no Brasil. *Novos Estudos – CEBRAP*, São Paulo, n. 43, p.26-44, 1995.

HARVEY, D. *Condição Pós-Moderna*. São Paulo: Loyola, 1992.

IAMAMOTO, Marilda Villela. A formação acadêmico-profissional no Serviço Social brasileiro. *Serviço Social e Sociedade*, São Paulo, v. 120, p. 609-639, out./dez. 2014.

IAMAMOTO, Marilda Villela. *Renovação e conservadorismo no serviço social:* ensaios críticos. 2. ed. São Paulo: Cortez, 1994.

IAMAMOTO, Marilda Villela; CARVALHO, Raul de. *Relações sociais e serviço social no Brasil:* esboço de um interpretação teórico-metodológica. São Paulo: Cortez, 1995.

IBGE. Agência de Notícias. PNAD Contínua trimestral: desocupação recua em 10 das 27 UFs no 2º trimestre de 2019. Brasília, 15 ago. 2019. Disponível em: https://agenciadenoticias.ibge.gov.br/agencia-sala-de-imprensa/2013-agencia-de-noticias/releases/25214-pnad-continua-trimestral-desocupacao-recua-em-10-das-27-ufs-no--2-trimestre-de-2019. Acesso em: 19 maio 2020.

IBGE. Agência de Notícias. Pretos ou pardos são 63,7% dos desocupados. Brasília, 17 nov. 2017. Disponível em: https://agenciadenoticias.ibge.gov.br/agencia-noticias/2012-agencia-de-noticias/noticias/18013-pretos-ou-pardos-sao-63-7-dos-desocupados.html. Acesso em: 19 maio 2020.

IPEA. Fórum Brasileiro de Segurança Pública. Atlas da violência. Brasília: Ministério do Planejamento, Desenvolvimento e Gestão, 2017. Disponível em: https://www.ipea.gov.br/portal/images/170609_atlas_da_violencia_2017.pdf. Acesso em 07 junho 2020.

IPEA. Fórum Brasileiro de Segurança Pública. Atlas da violência. Brasília: Ministério do Planejamento, Desenvolvimento e Gestão, 2018. Disponível em: https://www.ipea.gov.br/portal/images/stories/PDFs/relatorio_institucional/180604_atlas_da_violencia_2018.pdf. Acesso em 07 junho 2020.

IPEA. Fórum Brasileiro de Segurança Pública. Atlas da violência. Brasília: Ministério do Planejamento, Desenvolvimento e Gestão, 2019. Disponível em: https://www.ipea.gov.br/portal/index.php?option=com_content&view=article&id=34784&Itemid=432. Acesso em 07 junho 2020.

JANOÁRIO, Ricardo de Souza; ROCHA; Roseli; DIAS; Sheila (entrevistadores). Entrevista com Magali da Silva Almeida. *Revista Libertas*, v. 13, n. 1, 2013.

LARA, Walace; BRIONE, Ariane. Adolescente que aparece em vídeo sendo torturado relata que foi chicoteado com fios elétricos em SP. G1, 2 set. 2019. Disponível em: https://g1.globo.com/sp/sao-paulo/noticia/2019/09/02/adolescente-que-aparece-em--video-sendo-torturado-relata-que-foi-chicoteado-com-fios-eletricos-em-sp.ghtml. Acesso em: 26 maio 2020.

MANOEL, Jones. A luta de classes pela memória: raça, classe e Revolução Africana. *In:* MANOEL, J.; LANDI, G. (Org). *Revolução africana*: uma antologia do pensamento marxista. São Paulo: Autonomia Literária, 2019.

MARTINS, Rodrigo; MARTINS, Miguel. Seis estatísticas que mostram o abismo racial no Brasil. Carta Capital, 20 nov. 2017. Disponível em: https://www.cartacapital.com.br/sociedade/seis-estatisticas-que-mostram-o-abismo-racial-no-brasil. Acesso em: 19 maio 2020.

MARTINS, Tereza Cristina Santos. Oposição entre as lutas anticapitalista e antirracista: realidade ou erro de análise? *Ser Social*, Brasília, n. 41, p. 275-295, 2017.

MARTINS, Tereza Cristina Santos. Racismo, questão social e serviço social: elementos para pensar a violação de direitos no Brasil. *Revista Inscrita*, Brasília, n. 14, p. 11-17, 2013.

MARX, K. *O Capital*. São Paulo: Boitempo, 2017. [Livro I]

MARX, Karl. Trabalho alienado, propriedade privada e comunismo (1932). *In:* NETTO, J. P. *O leitor de Marx*. Rio de Janeiro: Civilização Brasileira, 2012. p. 92-121.

MESQUITA, Rebeca Patrícia Andrade; MOURÃO, Rosália Maria Carvalho. Violência Obstétrica e a Diferença de Raças. Âmbito jurídico, n. 191, 2019. Disponível em: https://ambitojuridico.com.br/cadernos/outros/violencia-obstetrica-e-a-diferenca-de-racas/. Acesso em: 07 junho 2020.

MONTAÑO, Carlos; DURIGUETTO, Maria Lúcia. *Estado, classe e movimento social* (Biblioteca básica do Serviço Social). São Paulo: Cortez, 2011.

MOTA, Ana Elizabete. Serviço Social brasileiro: insurgência intelectual e legado político. *In*: OLIVEIRA; SILVA (Orgs.). *Serviço Social no Brasil:* histórias de resistência e de lutas contra o conservadorismo. São Paulo: Cortez, 2016. p. 165-182.

MOURA, Clóvis. *Brasil:* raízes do protesto negro. Global, São Paulo,1983.

MOURA, Clóvis. Cem anos de abolição do escravismo no Brasil. *Princípios*, São Paulo, n. 15, p. 3-8, 1988.

MOURA, Clóvis. Escravismo, colonialismo, imperialismo e racismo. *Afro-Ásia*, Bahia, n. 14, p. 124-137, 1983.

MOURA, Clóvis. *História do negro brasileiro*. São Paulo: Ática, 1989.

MOURA, CLÓVIS. O racismo como arma ideológica de dominação. Escola Nacional João Amazonas. Disponível em: http://www.escolapcdob.org.br/file.php/1/materiais/pagina_inicial/Biblioteca/70_O_racismo_como_arma_ideologica_de_dominacao_Clovis_Moura_.pdf. Acesso em: 26 maio 2020.

NAÇÕES UNIDAS BRASIL. Quase 80% da população brasileira que depende do SUS se autodeclara negra. 5 dez. 2017. Disponível em: https://nacoesunidas.org/quase-80-da-populacao-brasileira-que-depende-do-sus-se-autodeclara-negra/. Acesso em: 26 maio 2020.

NETTO, José Paulo. A construção do projeto ético-político do serviço social. Centro Português de Investigação em História e Trabalho Social, Lisboa, 1999. Disponível em: http://www.cpihts.com/PDF03/jose%20paulo%20netto.pdf. Acesso em: 19 maio 2020.

NETTO, José Paulo. *Capitalismo monopolista e serviço social*. São Paulo: Cortez, 2001.

NETTO, José Paulo. Cinco Notas a propósito da "Questão Social". Rio de Janeiro: *Temporalis*, n. 3, 2001. Disponível em: http://cressmt.org.br/novo/wp-content/uploads/2018/08/Temporalis_n_3_Questao_Social.pdf. Acesso em: 19 maio 2020.

NETTO, José Paulo. *Ditadura e Serviço Social:* uma análise do Serviço Social no Brasil pós-64. São Paulo: Cortez, 2010.

NETTO, José Paulo. III CBAS: algumas referências para a sua contextualização. *Serviço Social e Sociedade*, São Paulo, n. 100, p. 650-678, out./dez. 2009.

NETTO, José Paulo; BRAZ, Marcelo. Economia Política: uma introdução crítica. São Paulo: Cortez, 2012.

O GLOBO. Bolsonaro volta a defender movimento que instarou a ditadura militar em 1964: 'Não houve golpe'. 31 mar. 2020. Disponível em: https://oglobo.globo.com/brasil/bolsonaro-volta-defender-movimento-que-instaurou-ditadura-militar-em-1964-nao-houve-golpe-24343202. Acesso em: 23 jun. 2020.

OLIVEIRA, Francisco de. *Brasil:* uma biografia não autorizada. São Paulo: Boitempo, 2018.

PRAGMATISMO POLÍTICO. Funcionária negra é amarrada e humilhada em empresa por sair mais cedo. 14 maio 2020. Disponível em: https://www.pragmatismopolitico.com.br/2020/05/funcionaria-negra-e-amarrada-e-humilhada-em-empresa-por-sair-mais-cedo.html. Acesso em: 26 maio 2020.

QUIJANO, Aníbal. Colonialidade do poder, eurocentrismo e América Latina. *In:* CLACSO, Consejo Latinoamericano de Ciencias Sociales. *A colonialidade do saber*: eurocentrismo e ciências sociais. Perspectivas latino-americanas, 2005. Disponível em: http://biblioteca.clacso.edu.ar/clacso/sur-sur/20100624103322/12_Quijano.pdf. Acesso em: 23 jun. 2020.

R., Laura. Rosa Luxemburgo: "Por um mundo onde sejamos socialmente iguais, humanamente diferentes e totalmente livres". Liga Internacional dos Trabalhadores Quarta Internacional, 17 fev. 2019. Disponível em: https://litci.org/pt/opressao/mulheres/rosa-luxemburgo-por-um-mundo-onde-sejamos-socialmente-iguais-humanamente-diferentes-e-totalmente-livres/. Acesso em: 23 jun. 2020.

RAICHELIS, Raquel. O assistente social como trabalhador assalariado: desafios frente às violações de seus direitos. *Serviço Social e Sociedade*, São Paulo, n. 107, p. 420-437, 2011.

RAMOS, Sâmya Rodrigues. A importância da articulação entre ABEPSS, conjunto CFESS/CRESS e ENESSO para a construção do projeto ético-político do Serviço Social Brasileiro. *Temporalis*, n. 22, p. 113-122, 2011.

REDE TOCANTIS DE NOTÍCIAS. Jovem morre após ser asfixiado por segurança em mercado; veja vídeo. 18 fev. 2019. Disponível em: https://www.redeto.com.br/noticia-26778-jovem-morre-apos-ser-asfixiado-por-seguranca-em-mercado-veja-video.html#.Xs13qmhKjIV. Acesso em: 26 maio 2020.

RIBEIRO, Matilde. As abordagens étnico-raciais no Serviço Social. *Serviço Social e Sociedade*, São Paulo, n. 79, p. 148-161, 2004.

ROCHA, Roseli. A inserção da temática étnico-racial no processo de formação em Serviço Social e sua relação com a educação antirracista. *In:* ABRAMIDES, M. B. C.; DURIGUETTO, M. L. *Movimentos Sociais e Serviço Social*: uma relação necessária. São Paulo: Cortez, 2014.

ROCHA, Roseli. A questão étnico-racial no processo de formação em Serviço Social. *Serviço Social e Sociedade*, n. 99, p. 540-561, jul./set. 2009.

SANTOS, Cláudia Mônica dos. *Na prática a teoria é outra?*: mitos e dilemas na relação entre teoria, prática, instrumentos e técnicas do Serviço Social. Rio de Janeiro: Lumens Juris, 2013.

SANTOS, Josiane Soares. *"Questão Social"*: particularidades no Brasil. São Paulo: Cortez, 2012.

SANTOS, Maria Carolina de Oliveira. Apresentação da coleção "Quebrando correntes". *In:* MANOEL, J.; LANDI, G. (Org). *Revolução africana*: uma antologia do pensamento marxista. São Paulo: Autonomia Literária, 2019.

SOUZA, Jamerson Murillo Anunciação de. O conservadorismo moderno: esboço para uma aproximação. *Revista Serviço Social & Sociedade*, São Paulo, n. 122, p. 199-223, jun. 2015.

TEIXEIRA, Joaquina Barata; BRAZ, Marcelo. O projeto ético-político do Serviço Social. *In:* CFESS (Coord.). *Serviço Social: Direitos Sociais e Competências* Profissionais. Brasília, p. 1-18, 2009.

TOKARNIA, Mariana. Educação reforça desigualdades entre brancos e negros, diz estudo. Agência Brasil, 18 nov. 2016. http://agenciabrasil.ebc.com.br/educacao/noticia/2016-11/educacao-reforca-desigualdades-entre-brancos-e-negros-diz-estudo. Acesso em: 26 maio 2020.

VITORIO, Kajali Lima. *O debate racial na agenda política do Conselho Federal de Serviço Social (CFESS)*. Dissertação (Mestrado em Serviço Social e Políticas Sociais) – Instituto Saúde e Sociedade, Universidade Federal de São Paulo, São Paulo, 2019.

YAZBEK, Maria Carmelita. A dimensão política do trabalho do assistente social. *Serviço Social e Sociedade*, São Paulo, v. 120, p. 677-693, out./dez. 2014.

editoraletramento
editoraletramento
grupoletramento

editoraletramento.com.br
company/grupoeditorialletramento
contato@editoraletramento.com.br

casadodireito.com   casadodireitoed   casadodireito

Grupo
Editorial
LETRAMENTO